행복한 고집쟁이들

행복한 고집쟁이들

글·사진 박종인

나무생각

들어가는 글

꽃과 열매를 어찌 함께 보겠는가

기이하지만, 당연히 세상은 그러하다. 열매를 맺으려면 꽃이 떨어져야 한다. 아름다운 자태에 미혹되어 꽃을 고집하면 열매는 끝내 맺지 않는다. 맺히면 불량이거나 미숙아가 되어버린다. 이 말은 한국의 불구대천지 원수, 도요토미 히데요시가 한 말이다.

1966년, 대한민국 인구 억제를 위해 가족계획이 실시됐다. 구호는 '3·3·35'. 3년 터울로, 3명만, 35살 이전에 낳자는 뜻이다. 기억이 정확하다면 나는 그해에 태어난 68만 7천 명 가운데 하나다.

2010년 현재 살아 있다면 모두 마흔네 살이다. 그 많은 사람들은 어떤 인생을 살고 있을까. 꽃일까 열매일까, 아니면 피어나지도 못한 그 무엇일까.

꽃이 화려한 봄날이 되면 사람들은 나들이를 떠난다. 산도 들도 온통 길 떠난 사람들 천지다. 하지만 꽃놀이라는 말은 들어봤으되 열매놀이라는 말은 전혀 들어보지 못했다. 그래, 사람들은 눈을 즐겁게 하는 겉모습에 몰입하고 집착한다. 인생을 비유하자면 이와 비슷하지 않을까.

불꽃처럼 활활 타오르며 올곧게 걸어가는 사람들은 그 삶이 지겨우리만치 서럽고 슬퍼서, 꽃처럼 눈 즐거운 대상이 되지 못한다. 존경은 하되 나는 절대로 저렇게 살 수 없다는 식의 비겁한 다짐이 나올 정도로 지루하다. 그들이 피워내는 꽃들은 들판의 이름 없는 꽃처럼 구태여 품을 들여 꽃놀이를 할 가치가 없어 보인다.

그런데 그 꽃들이 아프게, 아프게 땅에 떨어지고 나면 위풍당당한 열매가 되어 세상을 찬란하게 만든다. 보아라. 세상 사람 천대 속에 옻에 천착해 결국에는 세계 최고의 칠예가(漆藝家)가 된 전용복, 12대에 걸쳐 활을 만들고 있는 권씨 가문의 권무석, 감전 사고로 두 팔을 몽땅 잃었지만 지금은 팔 있는 사람들보다 더 훌륭한 작품을 만들고 있는 화가 석창우, 역시 두 손 잃었지만 좌절하지 않고 일어나 염전을 하며 소금을 나눠주는 장엄한 소금장수 강경환, '우주에서 가장 맛있는 자장면을 만들겠다' 고 서약한 철학자 주방장 이문길의 열매를.

저들의 꽃은 누추하기 짝이 없지만 훗날 그들이 맺은 열매의 맛은 달고 깊고 신선하고 감동으로 채워질 것이다. 아무도 돌아보지 않은

꽃, 하지만 그 열매는 모든 이가 받아 쥐고 싶어하는 귀한 가치를 지닌 열매가 아닌가.

  나는 그들을 만나며 또다시 도둑질을 감행했다. 한평생을 고집스럽게 걸어와 이뤄놓은 대업大業과 지혜를 짧게는 불과 몇 시간 만에 엿보고 엿들어 나의 것으로 훔쳐버린 것이다. 그들을 옆에서 바라보며 아주 세밀한 부분까지 관찰해 들어가니 그들의 이성적인 행위는 어느새 감성과 감동으로 바뀌었다. 그들이 이뤄낸 과실果實을 탐하고자 함이 아니었지만, 어느 틈에 나는 그들이 온몸으로 퍼뜨리고 있는 향내에 취해 버렸다.

  그래서 나는 행복하였다. 이제 독자들에게 이 행복을 나눠줄 시간이다.

2010년 봄날 박종인

차례

들어가는 글 | 꽃과 열매를 어찌 함께 보겠는가 ... 5

I
미쳐서 행복하다

장엄한 소금장수 강경환 ... 12
세계를 놀래킨 산꾼 손칠규 ... 24
자유인 리영광 ... 40
1세대 마술사 알렉산더 리 ... 60

II
역경이 꽃피운 예술

팔 없는 화가 석창우 ... 76
키 작은 국악인 박공숙 ... 88
왼팔 하나로 이룬 한복 미학 이나경 ... 100
쉰넷에 등단한 시인 박미산 ... 114

Ⅲ
역사와 전통을 만드는 사람들

12대째 활 만드는 권무석 ... 128
3대를 잇는 종로 양복장이 이경주 ... 140
나는 조선의 옻칠장이 전용복 ... 154
100년을 잇는 한지 장인 장용훈 ... 180

Ⅳ
그들이 있어 세상은 희망을 품는다

만인의 요리사 채성태 ... 196
새 찍는 스님 도연 ... 208
자장면 만드는 철학자 이문길 ... 222

Ⅴ
고독한 외길 명장의 길

축구화 수선 47년 김철 ... 238
카메라 명장 김학원 ... 250
전설의 배무이 신영수 ... 264
제주 석장 장공익 ... 276

고故 김민식을 그리며 ... 288

I :
미쳐서 행복하다

강경환 ◀

손칠규 ◀

리영광 ◀

알렉산더 리 ◀

어둠 저편에 빛이 있다. 세상의 빛을 소금이라고 했다.
장엄한 소금장수 강경환은 그 빛을 만들어 세상을 밝힌다.
비록 두 손은 없되, 뵈지 않는 그 손은 장엄하고 맑고 찬란하다.

장엄한 소금장수 강경환

강경환

해마다 명절이 되면 충남 서산 일대의 독거노인들 집 수십 채 앞에는 맑은 천일염 30킬로그램들이 포대가 놓여 있곤 했다. 벌써 13년째였다. 아무도 누가 그랬는지 몰랐다.

2008년에 드디어 '범인'이 잡혔다. 소금을 트럭에 싣고 읍사무소에 간 범인이 "나 혼자 여러 해 동안 소금을 나르다 보니 이젠 힘이 들어서" 읍사무소에 맡기겠다고 자수했다. 이름은 강경환[51]. 충남 서산 대산읍 영탑리에서 '부성염전'이라는 소금밭을 일구는 소금장수다. 그런데 그는 두 손이 없는 장애인이 아닌가. 손 없이 염전을 일군다고? 더군다나 서류를 살펴보니 그는 7년 전까지 그 자신이 기초생활수급자였던 빈한한 사람이 아닌가. 자기 앞가림하기도 바쁜 사내가 남을 돕는다? 이제 그의 지난하지만 해맑은 삶의 이야기.

기억 속의 날짜 하나, 1972.12.24.09:40

소금장수 강경환은 사건이 발생한 연월일시를 또렷하게 기억한다. 1972년 12월 24일 오전 9시 40분. 1959년생인 강경환이 초등학교 마지막 겨울방학을 맞은 6학년, 나이는 13세였다.

서산 벌말에 살던 강경환은 해변에서 '안티푸라민' 통을 닮은 깡통을 발견했다. 나비처럼 생긴 철사가 있길래 그걸 떼내 놀겠다는 생각에 돌로 깡통을 두드려댔다. 순간 앞이 번쩍하더니 참혹한 현실이 펼쳐졌다. 안티푸라민이 아니라 전쟁 때 묻어놓은 대인지뢰, 속칭 '발목지뢰'였다.

그 순간을 강경환은 이렇게 회상한다. "순간적으로 정신을 잃었는데, 눈을 떠보니까 가스 때문에 목은 칼칼하고, 눈이 안 보이는 거다. 그때 화약이 지금도 눈가에 들어 있다. 앞은 이글이글하지, 손을 보니까 손가락이 늘어지고 막 타서 쳐다볼 수가 없었다."

폭발음에 놀란 마을 사람들이 집으로 달려와 경환을 둘러업고 병원으로 갔다. 사흘 뒤 깨어나 보니 손목 아래 두 손이 사라지고 없었다. 노래 잘해서 가수가 꿈이었던 소년의 인생이 엉망진창이 된 것은 그때부터였다.

500미터 거리인 집까지 그가 어떻게 왔는지 아무도 모른다. 나중에 마을 어른들이 그랬다. "바다에서 집 사이에 폭 3미터짜리 웅덩이가 있는데, 네가 어떻게 그걸 뛰어넘고 왔는지 알 수가 없다." 신기한 일은 또 있다. "기절해 있는데, 어머니가 무지개를 타고 내려와 내 이름을 부르면서 달려오는 거였다. 그래서 퍼뜩 깨어나 집으로 달려간 거지."

피를 너무 흘려서 모두가 죽었다고 생각했던 소년은 그렇게 기적적으로 살아났다. 하지만 남 보기 부끄러워서 중학교는 가지 않았다. 그 뒤로 3년 동안 경환은 집 밖으로 나가지 않고 어머니가 밥 먹여주고, 대소변 받아주며 살았다고 했다. 인생, 포기했다.

"어느 날 외할머니께서 돌아가셨다. 어머니가 친정에 가셨는데, 오시질 않는 것이다. 배는 고프지…… 결국 내가 수저질을 해서 밥을 먹었다." 사고가 난 지 3년 만의 일이었다. 그렇게 석 달 동안 숟가락질 연습해서 그 후로는 스스로 밥을 먹었다.

스스로 밥을 먹고 스스로 허리띠를 차게 되었다고 해서 인생이 완전히 바뀐 건 아니었다. "모든 게 귀찮아서 농약 먹고 죽으려고 한 것만 두 번"이라고 했다. 그런데 그때마다 뒤에서 누군가 부르는 소리가 들리는 바람에 실패했다. 대신에 그는 열일곱 살 때부터 주막에 출근했다. "그때는 모든 게 귀찮았다. 술로 살았다. 괴로우니까. 아침 10시에 출근해서 밤 12시에 퇴근했다. 주막에 친구들이 많이 있으니까. 거기 가서 그런 거나 먹고 살았다."

기억 속의 날짜 둘, 1980.02.18.22:00

그날도 술을 먹고 집에 돌아온 어느 밤이었다. 책상에 유인물이 하나 있길래 무심코 봤다가 휙 던져버렸다. "아침에 유인물을 다시 보니까 정근자 씨라고, 팔 둘이랑 다리 하나가 없는 사람이 교회에서 강의를 한다는 거야. 가서 들었지. 아! 저런 사람도 사는데, 나는 그 반도 아닌데, 나도 이 사람같이 못 살라는 법 없지 않나."

강경환은 정근자 씨에게 곧장 편지를 썼다. "나도 당신처럼 잘 살 수 있겠는가?" 답장이 왔다. "너도 나처럼 잘 살 수 있다"고. 아주아주 훗날이 된 지금, 강경환은 이렇게 말한다. "손이 있었다면 그 손으로 나쁜 짓을 하고 살았을 것 같다. 손이 없는 대신에 사랑을 알았고, 마음의 변화를 가져왔고, 새롭게 살게 되었다."

대한민국에서 장애인으로 산다는 것, 강경환은 훌륭하게 그 방법을 찾아냈다. 술을 끊고, 일을 시작했다. 삽질을 익히고, 오른쪽 손목에 낫을 테이프로 감고서 낫질을 하며 아버지 농사일을 도왔다. 농사라고 해봤자 일곱 마지기가 전부였다. 식량거리를 제하고 나면 남는 게 없었다. 지독하게 가난한 집이었다.

1994년, 아버지 친구가 그에게 물었다. "너, 염전 할 수 있겠냐?" 강경환은 1987년 교회에서 아내를 만나 결혼한 가장이었다. 무조건 하겠다고 했다. 피눈물 나는 삶이 시작됐다. 농사짓는 삽보다 훨씬 무겁고 큰 삽을 '손 몽둥이'로 놀리는 방법을 익혔다. 수레에 싣는 소금은 다른 사람보다 양이 훨씬 적었다. 정상인만큼 일하기 위해 밤 9시까지 염전에 물을 대고, 새벽까지 소금을 펐다. 하루 두 시간밖에 잠을 자지 못했지만 그래도 다른 사람 몇 분의 일만큼도 일을

소금 담은 손수레를 손몽둥이로 밀어 소금창고로 가져가는 강경환.

하지 못했다. "노력도 노력이지만, 인내라는 게 그리 중요하다는 걸 그때 깨달았다"고 했다.

1996년 그 와중에 그의 머릿속에 남을 돕겠다는 생각이 떠올랐으니, 손을 잃은 대신에 사랑을 실천하는 방법을 얻은 셈이라고 했다. "소금 한 포대가 1만 원쯤 하는데, 여기에서 1천 원을 떼서 모았다." 자기보다 불행한 사람들에게 소금을 주겠다는 서약이었다.

한 해도 빠지지 않고 2010년까지 15년째다. 일이 고돼서 한 달 월급 받고 도망가버리는 직원들 대신에 부부가 직접 염전을 하며 실천하고 있는 일이다. 아산의 한 복지단체를 통해 소록도에 김장용 소금을 30포대씩 보내는 것도 빠지지 않는다.

강경환의 부성염전은 1만 2천 평, 한 해 소출이 6천 만 원 정도다. 이것저것 비용을 빼면 순수익은 한 해에 1,800만 원 정도라고 했다. 거기에서 10퍼센트인 200만 원은 꼬박꼬박 남을 위해 쓰고 있으니 이게 어디 보통 사람이 할 수 있는 일인가. 2008년에는 남을 위해 쓴 것이 400만 원 정도 되더라고 했다.

강경환이 말했다. "조금만 마음을 가지면 되더라. 소금 한 포대 팔아서 1천 원 떼다 보면 5천 포대면 500만 원이잖나. 하나를 주면 그게 두 개가 돼서 돌아오고, 그 두 개를 나누면 그게 네 개가 되어서 또 나눠진다. 연결에 연결, 그게 사는 원리다."

그 나눔과 연결의 원리에 충실한 결과, 2001년 그는 지긋지

" 노력도 노력이지만
　인내라는 게 그리 중요하다는 걸 깨달았다. "

"한 개를 나누면 두 개가, 두 개를 나누면
네 개가 되어 나눠진다.
연결에 연결, 그게 사는 원리다."

굿한 기초생활수급자 꼬리표를 뗐다. 작지만 아파트도 하나 장만했다. 그는 곧바로 시청으로 가서 자발적으로 기초생활수급자 신분을 포기했다. 수급자 수당 30만 원이 날아갔다. 장애인 수당도 포기했다. 6만 원이 또 날아갔다. "나는 살 수 있는 길이 어느 정도 닦아졌으니까 나보다 더 어려운 사람에게 주라"고 했다.

하지만 여전히 그는 어렵다. 염전도 남의 염전을 소작하고 있고, 둘째 딸 학비도 버겁다. 하지만 가난한 사춘기 때 손 잃은 서러움과 방황하던 청년기를 일거에 날려버린 깨우침이, 여전히 가난한 그에게 이른다. 손을 내밀라고, 보이지 않는 사랑의 손을 내밀라고.

강경환은 2008년에 '밀알'이라는 자선단체를 만들었다. 혼자서 하기에는 버거운 일이라 마음 맞는 사람들을 모아서 불우한 사람들을 더 도우려고 말이다. 강경환의 꿈? 거창하다. "한 30억 원 정도 모았으면 좋겠어. 그러면 마음 놓고 남 도울 수 있잖아. 지금은 형편이 이래서 돕고 싶어도 어렵고……." 옆에서 듣고 있던 아내가 말했다. "내가 악처다. 저 사람만 믿고 있으면 큰일난다, 큰일." 남편이 허허 웃으며 말을 받는다. "우리 식구가 천사다, 천사."

맑은 날이었다. 부부가 소금밭에 나가서 소금을 거두는데, 손 없는 남편이 능숙하고 진지한 몸짓으로 소금을 모으면 아내는 얌전하게 삽으로 손수레에 소금을 담고, 그 손수레를 남편이 '손몽둥이'로 밀어 소금창고로 가져가는 것이다. 그 모습, 장엄했다.

세상에서 제일 잘난 사람이라 생각하며 살았다.
그런데 문득 깨달은 것이다. '소 머리에 파리가 앉았다고 소를 정복했나?'
미친 산꾼 손칠규는 지금 전설이 되었다.

세계를 놀래킨 산꾼 손칠규

손칠규

《불가능한 꿈은 없다 Seven Summits》라는 책이 있다. 딕 배스와 프랭크 웰즈라는 미국의 기업가 두 명이 지구상의 일곱 개 최고봉에 도전한 내용을 담은 논픽션이다. 남미 최고봉인 〈아콩카구아 6,959미터 도전〉편에 이런 내용이 나온다. "베이스캠프에서 한 미친 한국인을 만났다. 운동화를 신고, 장비도 없이 아콩카구아 정상을 가겠다는 넋 나간 사람이었다. 그가 정상으로 향하는 모습을 보았는데, 이후에 그를 본 적이 없다. 실종된 게 틀림없다."

그 미친 한국인 이름은 손칠규[60]. 1983년에 겁도 없이 혼자서 아콩카구아에 올랐다가 700미터 아래로 추락해 죽었다 살아난 사내. 어릴 때는 음악에 미쳐 작곡을 전공하더니 이내 산에 미쳐 산을 집 삼아 돌아다니던 사내. 지금은 강원도 평창에서 말을 기르며 사는데, 사흘이 멀다 하고 산악 후배들이 찾아와 인생을 묻고 돌아간다. 그 은둔의 산꾼 손칠규 이야기.

경상북도 달성군에서 살던 손칠규의 집은 부자였다. 장남인 칠규는 몸이 왜소했다. 아버지는 그런 약한 아들에게 얼른 친구들 사귀라며 다섯 살 때 초등학교에 보냈다. 그러나 친구들은 키 작고 어린 부잣집 동급생을 '왕따' 시켰다.

외로운 아이는 친구가 있는 곳은 어디든 혼자 찾아갔다. "방학 때였다. 동네 앞산 이름이 와룡산이었는데, 친하고 싶은 아이가 자기 집이 와룡산 너머라고 했던 말이 기억났다. 그래서 산 너머 친구를 찾아갔다." 1학년 때였다. 어른 배꼽 높이만 한 작은 아이가 아침에 출발해 별이 뜰 때까지 산을 넘고 넘어 친구를 찾아간 것이다. 집에서는 아들 실종됐다고 난리가 났다. 그때 손칠규는 산을 처음 알았다.

그 후 음악과 친구했다. 음과 음이 만나서 만드는 장엄한 화음. 그게 참 좋았다. 내친 김에 서울 예원중학교에 들어갔다. 고등학교도 예고로 진학했다. 그리고 대구 계명대학교 작곡과에 입학해 마음껏 음악을 했다. "그때는 내가 음악 천재인 줄 알았다. 딴에 나만의 독창적인 예술을 한다고 별의별 화음과 비화음을 섞어가며 작곡을 했다."

그러나 대학 산악회에 입회하면서부터 손칠규는 산에 미쳐 버렸다.

산에 미친 손칠규

"뭐랄까, 나뭇잎이 바르르 떨리는 바람소리, 별, 달무리……. 그런 게 너무 좋았다. 감수성이 예민한 놈이라 음악도 산도 나한테는 똑같았다." 그리고 한마디 덧붙인다. "그 시절, 용감한 학생은 거리로 나갔다. 조금 비겁한 사람은 음악다방에 처박혔고, 나같이 진짜 비겁한 사람은 산으로 숨었다."

집에 있던 외제 피아노와 다른 악기를 몽땅 팔아서 당시 최고급 등산장비를 샀다. 이탈리아제 돌로미테 이중등산화와 프랑스제 샤를레 모제 피켈, 아이젠 등 세상에서 가장 좋다는 빙벽 등반장비 일체였다. 중무장하고 팔공산으로 간 손칠규는 그날로 선배들에게 죽도록 맞았다. "팔공산 암벽에 그런 장비는 필요가 없다는 것이다. 그냥 오르면 되는 걸 무슨 사치를 하겠다고……." 선배들은 곧 손칠규를 이상한 후배로 치부했다.

그렇다고 다 큰 어른이 어릴 때처럼 왕따를 당하고 살 것인가. 손칠규는 오토바이를 타고 산으로 올라가 혼자서 암벽을 했다. 그가 말한다. "당시 대구 산악계에서 암벽은 대접받지 못하는 장르였다. 그런데 내가 그걸 하고 다녔으니 이것도 별로 환영받지 못했다."

어찌나 산에 미쳤는지, 당시도 지금도 최고급 명품 카메라인 핫셀블라드 중형카메라가 바위 틈에 끼자 거기에 자일을 묶고 하산하기도 했다. 다행히 그의 후배가 구조해 낸 카메라는 지금도 잘 쓰고 있단다.

　　오토바이 타고 바위를 넘다가 넘어지고 스쿠버다이빙을 하다가 또 사고 나고, 기타 등등 그는 이 부러질 짓만 골라 하고 다녔다. 그 덕분에 세월이 흐른 지금, 손칠규가 소유한 치아의 90퍼센트는 의치거나 남의 것이다. 결국 대학 졸업하고 군대 다녀온 뒤 음악교사로 일하다가 그것도 1년 만에 그만두었다.

　　그리고 서울로 올라와 혼자서 산에 다녔다. 그는 점점 산 귀신이 되어갔다. 설악산 토왕성폭포를 등반하고 있는데, 집에서 보낸 사람이 찾아왔다. 큰일 났으니 대구로 얼른 돌아오라는 것이었다. 서둘러 집에 갔더니 그의 결혼식 날짜가 잡혀 있었다. "장가도 안 가고 산에 미쳐 돌아다니니, 어른들이 그 꼴을 못 본 거다. 그렇게 해서 지금 아내와 결혼했다."

　　아내 정영자는 어릴 적, 집안 어른들끼리 정혼을 약조한 사이였다. 한 번도 본 적 없는 여자와 결혼식을 치르고 신혼여행은 한라산으로 갔다. 동계 한라산 등반 여행에 초주검이 된 색시를 남겨두고 손칠규는 다시 토왕성폭포로 갔다. 다시 귀가한 것은 한 달 만이었다. 그 후로도 뻑 하면 해외 원정을 떠나 몇 달씩 있다가 돌아왔다.

　　아내가 말한다. "이 사람, 훗날 뭔가 되도 될 사람 같아서 결혼했다. 힘든 거? 이 사람은 지금도 내가 힘든 거 모른다. 그렇지?" 손칠규가 활짝 웃으며 아내를 토닥인다. 정영자는 남편 후배들이 찾아오면 소주 한 박스에 삼겹살을 내놓는다. 하루 있다 가겠다는 사람들을 기어이 1박 2일씩 붙잡아, 술 먹이고 고기 먹이는 통 큰 누나로 변신했다.

그 사이에 딸 둘, 아들 하나를 낳았다. 자녀들 이름이 재미있다. 장녀는 '비나', 둘째 딸은 '바나', 막내아들은 '자일'. 비나는 등산용 고리, 바나는 불 지피는 버너, 자일은 등산용 밧줄이다. 아버지한테 혼날까봐 셋 모두 그럴 듯한 한자로 이름을 지었다.

그런데 둘째 딸은 호적에 '미나'로 올라가 있다. "아버지가 출생신고 때 이름 적은 종이를 잃어버렸다. 동사무소 직원이랑 두 사람이 머리를 싸매며 이름을 추정하다가 도저히 한국 사람 이름이 '바나'일 수는 없다며 미나라고 올려버렸다." 세 자녀는 장성해 화가로, 수의사로, 조각가로 활동 중이다.

그리고 1982년 11월, 운명의 남미 원정을 떠났다. 이번에도 단독 원정이었다.

아콩카구아에 오르다

"남미 산들을 원정하고 싶은데, 여권 만들 명분이 없었다. 그래서 칠레에서 열리는 '세계산악인회의' 참석을 명분으로 여권을 만들었다." 그는 6천 미터급 이상 등정 기록 있을 것, 암벽 및 빙벽 경험 있을 것, 영어 또는 스페인어에 능통할 것, 그런 조건들을 충족시키고 칠레로 떠났다.

당연히 회의는 뒷전이고 칠레와 아르헨티나 접경지대에 있는 남미 최고봉 아콩카구아밖에 보이지 않았다. "일반 루트를 타고 베이스캠프를 지나 정상 아래에 장비를 묻어놓고 내려왔다. 다음날 하산한 다음에 남벽을 타고 오른 뒤 사용할 장비였다."

아콩카구아 남벽은 '지저분한 벽면'이라고 불린다. 바위도 거칠고 땅도 거칠고 기상도 거친 루트다. "정상에 가겠다고 혼자 베이스캠프에 도착했더니 미국 원정대들이 나더러 미친놈이라고 했다. 그 사람들한테 인사하고 올라가서 장비 묻어놓고 내려오니 그 사람들, 와인 퍼 마시고 자고 있더라." 오르는 사람만 봤고, 내려오는 걸 보지 못했으니 자연히 "미친 한국인이 실종됐다"는 기록이 나왔다.

정상 정복은 성공했다. 산꼭대기에 작은 철 십자가가 박혀 있었는데, 거기에 태극기 묶어놓고 내려올 때까지는 좋았다. "동쪽 사면을 타고 하산하고 있는데 갑자기 발밑이 꺼져 내리더니 한없이 추락하는 것이 느껴졌다."

앞이 보이지 않는 눈보라에 손칠규는 눈사태까지 만나 곧바로 직하방으로 추락했다. "700미터 떨어지는 동안 영화 한 편 다 봤다"고 했다. 까맣게 잊고 있었던 여섯 살

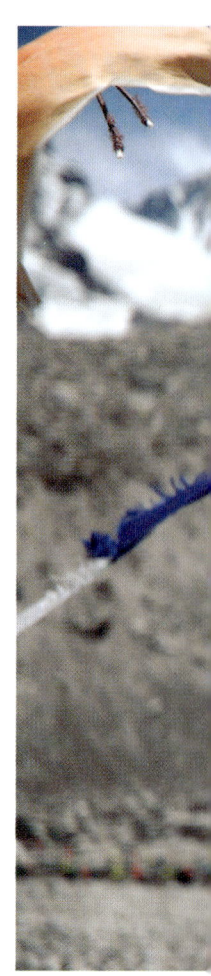

" 산을 정복해?
소 머리에 파리가 앉았다고 소가 정복당했나? "

때 기억부터 아내 정영자의 화난 얼굴, 그리고 자기 영정이 걸린 상가喪家에서 신나게 술 퍼마실 친구놈, 술 대신에 꺼이꺼이 울고 있을 친구놈 등등 그 몇 분 사이에 전 인생을 정리했다. 그렇게 마음속으로 자서전 영화를 다 찍고 있는데, 추락 속도가 빨라서 눈사태를 추월하더니 떨어진 곳이 눈 덮인 경사면이라 몸이 부서지지 않고 미끄러지며 멈추는 게 아닌가. 기적적으로 살아난 것이다. 그러나 그때부터 지옥이 시작됐다.

개미의 맛은 맵다

사방을 둘러보니 빙하지대요, 하늘 끝까지 360도 설산이었다. 닷새 동안 아무것도 먹지 못하고 걸었다. 절벽에 간신히 붙어서 전진했다. "그런데 길이 끊기고 내 몸보다 짧은 거리 앞에서 다시 길이 시작됐다. 평지였으면 그냥 뛰었겠지만 그 밑은 천길 낭떠러지라, 이틀을 고민하다가 펄쩍 뛰었다. 결국 반대편 길에 엎어지며 이가 바위에 부딪쳐 부러졌다. 그런데 얼마나 웃음이 새어 나오는지. 정말 행복하고 통쾌한 그런 웃음 말이다."

하지만 걸어도 걸어도 사람 흔적은 없었고, 손칠규는 점점 탈진해 갔다. "웬수 같은 놈, 자기 장가가는 날도 몰라 식구들 애간장 태우고, 산으로 신혼여행 가서 신부를 초주검 만들더니 결국은 과부로 만들었구나!"라고 저주를 퍼부어댈 장모, "하늘 높은 줄 모르고 까불더니 결국 끝장이 났구나" 하고 동정 반, 야유 반을 퍼부어댈 산악계 사람들까지 줄줄이 떠올랐다.

　　며칠 후 계곡을 만났다. 흐르는 물을 한껏 마시고 개미 세 마리를 잡아먹었다. 닷새 만에 먹는 식량이었다. 저절로 개미한테 손이 갔고 입으로 개미를 쑤셔넣었다." 개미 맛은 어땠을까? "맵다"고 했다. 다음날에는 매미를 잡아먹었다. 그리고 새끼 오리가 보이길래 대가리를 쥐고 뜯어먹었다. 산 채로. 지금 먹으라면? "절대 안 먹는다. 미쳤나?"

　　그러는 와중에도 조난일지와 촬영은 빼놓지 않았다. 깨알 같이 수첩에 일기를 쓰고, 작은 미녹스 카메라로 '셀카'를 찍었다. 어느 날에는 유서를 썼다. "나는 한국인 손칠규다. 언젠가 내 시체가 발견되면 한국에 알려달라. 그리고 이 필름통, 절대 열지 말고 대사관으로 보내달라. 정상부터 여기까지 다 찍혀 있다." 그리고 신을 향해 욕을 퍼부었다. 죽이려면 그냥 빨리 죽이라고, 왜 이 따위로 죽을 만하면 살려내서 약을 올리느냐고.

　　기력이 완전히 쇠진했다. "동공이 풀리는 게 느껴졌다. 그리고 바지가 다 젖도록 오줌이 새어나왔다. 구멍 막을 힘도 없었던 거다." 이제 정말 죽는다고 생각하니 눈물이 났다. 이번에는 신에게 싹싹 빌었다. 살려만 주신다면 정말 열심히 살겠다, 신만을 위해서 살겠다고. 그때 처절하게 신한테 항복했다고 했다. 그렇게 바위에 자빠져 있는데, 오른쪽 뒤편으로 희끄무레한 뭔가가 느껴지는 것이다. 담

아콩카구아에서 살아 돌아온 손칠규를 보도한 현지 신문.

배 쥐듯이 손가락 두 개로 잡아보니까 뱀이었다. 그냥 뱀이 아니었다. 목숨과도 같은 식량이었다.

"머리랑 꼬리를 잡고 쑥 잡아당겼더니 껍질이랑 내장이 튀어나왔다. 막 포식하고 쉬던 참이었는지, 뱃속에 카멜레온 한 마리가 들어 있었다." 뱀이랑 카멜레온을 그대로 와작와작 씹어먹었다. 다음날 온몸에 뱀독이 올라 퉁퉁 부었다. 그렇게 장장 여드레를 빙하와 사막을 헤매다가 사슴 사냥꾼을 만나 빵을 얻어먹고 잠을 잔 다음, 이튿날 군부대까지 내려가 조사를 받고 귀국했으니 그게 1983년 1월의 이야기다. "민가는 아무리 문을 두드려도 내 몰골을 보고는 절대로 열어주지 않더라"고 했다.

현지 신문들은 그의 생환 소식, 그리고 그가 묶어둔 태극기를 가지고 내려온 다른 원정대 이야기를 대서특필했다. 아무도 모르겠지 하고 돌아왔더니 이미 외신으로 조난 전말기를 접한 동료와 가족들이 "이 문제아, 두고 보자"며 김포공항에서 기다리고 있었다.

손칠규, 전설이 되다

무사생환한 손칠규는 이듬해에 강원도 평창에 종마장을 만들었다. 그는 이것을 두고 "어릴 적 꿈"이라고만 했다. 이름은 '두미일목장'. 자그마치 100만 평에 경주마가 100필이 넘는 목장이다. 그는 결연한 표정으로 "국민소득이 2만 불이 넘으면 레저산업이 각광받는다"고 했다. 그리고 목장에 은둔했다. 소년기 때 그를 지배한 음악, 청년기를 매혹한 산과는 이별하지 않았다.

2004년 5월. 산악계 후배 박무택이 히말라야 초모랑마에서 내려오다가 죽었다. 백준호, 장민과 함께였다. 박무택은 원정 며칠 전 손칠규를 찾아와 조언을 구하다가 "형님, 나도 말 타게 해주이소" 하며 말 꼬리를 붙잡고 뛰어다니던 후배였다.

2005년 그들의 시신을 수습하기 위한 '휴먼원정대'가 히말라야로 떠났다. 산악계에서 손칠규를 원정대장으로 추대했다. 등반대장은 엄홍길이 맡았다. 손칠규는 재산을 다 정리해 가족 앞으로 넘기고 히말라야로 떠났다. 설산에서 손칠규는 통곡했다. "준호야, 민

"산을 어떻게 버리나. 산은 저기 있을 뿐인데."

아, 무택아! 집에 가자!" 산을 버리지 못하는, 아니 평생을 산과 함께 한 사내의 진한 울음이었다.

지금도 그는 수시로 전국의 산을 산보한다. 아내는 자기 집처럼 찾아오는 후배들에게 소주 한 박스와 삼겹살 내는 걸 잊지 않는다. 언젠가는 전직 대통령 노무현이 예고도 없이 찾아와 그에게 세상을 묻고 갔다. 그리고 이름만 대면 삼척동자도 다 아는 젊은 기업가가 그를 찾아와 산행을 청하고 있다. 그가 말했다. "산을 어떻게 버리나. 산은 저기 있을 뿐인데."

자칭 음악 천재였던, 자칭 독창적인 산꾼이었던 손칠규가 환갑을 바라보며 이렇게 회고한다. "생각해 보면, 나는 껍질을 꽁꽁 싸맨 양파였다. 그저 내 것만 고집하고 내가 최고인 줄 알고 살았다. 지금은 그 껍질을 한 겹 한 겹 벗기며 산다. 껍질을 다 벗기면 그 속에는 아무것도 없을 것이다. 그게 나였다. 산을 정복해? 어떻게! 소 머리에 파리가 앉았다고 소가 정복당했나?"

평창에 가면 은둔한 사내를 만날 수 있다. 사내는 자기를 조금씩 비워가며 날개가 생겨 하늘 날을 우화羽化를 꿈꾼다.

하늘과 땅이 맞붙은 곳이 궁금해 리영광은 휴전선을 넘었다.
세월이 지난 지금, 복사꽃처럼 그가 웃는다.
왜 산에 사느냐기에 그저 빙긋이 웃을 수밖에問余何事栖碧山 笑而不答心自閑.

자유인 리영광

리영광

1967년 10월 13일자 《조선일보》 3면을 보면 이런 기사가 있다.
"북괴, 월맹에 병기 공급-귀순 李榮光군 회견. 삼촌과 상봉!"
기사에 게재된 사진에는 머리를 빡빡 민 앳된 청년이 화환을 목에 걸고 묵묵히 서 있고, 옆에는 삼촌이 그를 부둥켜안고 운다. 그 청년이 바로 동부전선 강원도 금강군 이포리 용산골 북한 인민군 제1집단군에 복무 중이던 21세 북한 청년 리영광이다. 입대한 지 석 달 만인 그해 9월 18일 밤, 리영광은 초소를 벗어나 보름달 빛을 받으며 휴전선을 넘었다. 동료들이 쏴대는 AK자동소총 90여 발을 모조리 피하고 지뢰밭도 기적적으로 무사통과했다. 여기까지는 대한민국 국민이라면 질릴 법도 한 '얘기 안 되는 군대 이야기'이다.

귀순 후 리영광에게 기자들이 물었다. "귀순 동기는?" 리영광이 당당하게 대답했다. "세계일주를 하기 위해 왔다."
북쪽이 싫어서도 남쪽을 동경해서도 아니라 순전히 여행이

목적이라는 것이다. 혹독한 냉전시대, 정보기관에서도 그의 맹랑한 귀순 동기를 분석하기 위해 애를 먹었고 기자들도 마찬가지였다. 그 허무맹랑한 청년이 사선死線을 넘은 지 43년이 흘렀다. 청년은 아니, 환갑을 넘긴 64세 귀순자는 지금 강원도 정선의 첩첩산중에 살고 있다. 세계일주 대신, 자연과 생명을 추구하는 철저한 자연주의 철학자로 말이다.

리영광이 사는 곳은 강원도 정선이다. "내가 어디에 사는지는 밝히지 않았으면 좋겠다"는 그의 신신당부에 따라 그저 정선의 한 오지라고만 해두자.

그 오지를 물어물어 찾아갔더니 리영광은 손님들과 함께 있었다. 계곡에는 물이 맑게 흘렀고 산에는 정신이 어지러울 만치 아름답게 신록이 생명력을 내뿜고 있었다. 100년 전 화전민 가족이 지은 그의 집 마당에는 복사꽃이 화사하게 피었다. 거기에 리영광은 살고 있다.

이곳에 들어온 지 딱 21년 됐다고 했다. 정갈한 개량 한복을 입고, 수염과 머리를 기른 리영광은 애시당초 그 풍경의 일부분인 양 딱 어울렸다. '사선을 넘은 귀순용사'라는 표현은 도무지 떠오르지 않았다. 객들이 집으로 돌아가고, 나는 이 도인을 독점하여 이야기를 나누게 됐다.

하늘과 땅이 맞닿은 저곳에는 무엇이

1946년 함북 학남면에서 태어난 리영광은 전쟁이 터지자 외갓집이 있는 개마고원으로 피란을 떠났다. 2남 3녀의 맏이였다.

어릴 때라 구체적이지는 않지만, 두 가지는 또렷이 기억난다. "곳곳에 피어 있는 작약꽃. 지금도 산에서 작약꽃을 보면 가슴이 설렌다." 그리고 또 하나는 땅 끝이다. 광대무변하게 펼쳐져 있는 개마고원, 백두대간의 지붕에서 산과 들을 쏘다니면 하늘과 땅이 맞닿는 저편이 눈에 들어왔다. "그때 나는 늘 궁금했다. 저기에는 도대체 뭐가 있을까? 어떤 사람들이 살고 있을까? 우리나라 바깥은 어떻게 돼 있을까?"

인민학교에 들어가고, 중학교에 입학하고서도 그 의문은 항상 머릿속에 담겨 있었다. 리영광은 책방에서 사거나 도서관에서 빌려서 책을 읽었다. 해로海路를 통해 인도로 구법여행을 떠난 혜초의 《왕오천축국전》, 조총련계 잡지 〈시대〉에서 본 '칫솔 하나 달랑 들고 무전여행을 떠난 서양 젊은이 사진' 등을 보며 꿈을 키웠다. 그러나 리영광의 현실에서는 언감생심이었다.

리영광은 개마고원에서 일건인민학교를 졸업하고 압록강과 맞닿은 양강도 혜산고등기계공업학교를 졸업했다. 1967년이었다. 머리는 장발이었고 늘 친구들에게 여행 이야기를 했다. 그래서 얻은 별명이 남조선대학생이다.

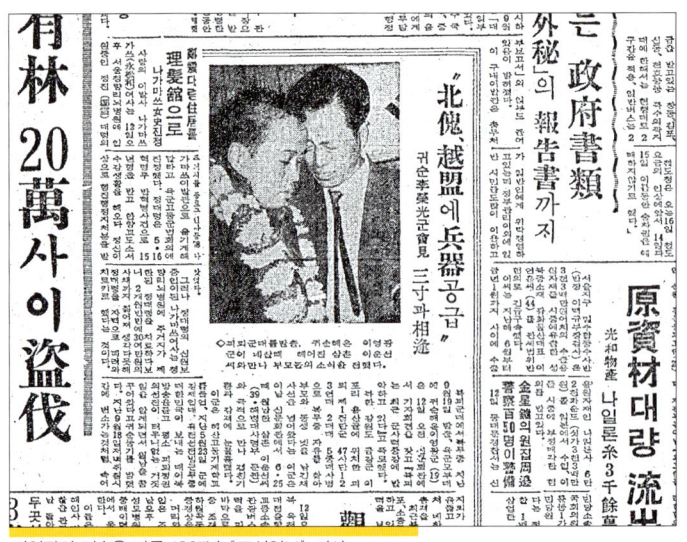
리영광의 귀순을 다룬 1967년 《조선일보》 기사.

그해 3월 어느 날 밤, 리영광은 압록강을 넘었다. 어릴 적부터 가슴 밑바닥에 도사리고 있던 궁금증과 자유여행에의 갈망을 더 이상 참지 못했다. 앞뒤 잴 것도 없이 압록강을 넘어 중국의 한 목장에 숨어들었다가 다음날 아침, 신고를 받고 출동한 인민해방군 세 명에게 붙잡혔다.

조사를 받고 수용소로 이첩됐는데, 그날 밤 오줌 누고 온다고 핑계를 대고 탈출해 압록강 건너 집으로 돌아왔다. "어차피 세계일주를 하는데 중국은 그 본거지가 아니었다"라고 그가 말했다. 리영광은 그날, 부모님한테 된통 혼났다.

그리고 곧바로 인민군에 자원입대 신청을 했다. 무엇 때문이었을까? "그때는 세계일주라는 꿈에 붕 떠 있었다. 남쪽 국경으로 가면 또 다른 세상을 볼 확률이 높았으니까."

마침 시험이 있어서 명문 혜산사범대(현^팩 김정숙사범대) 입학 시험도 봤다. 두 달 후, 군대에서 영장이 나왔다. 그래서 신체검사를 받았는데 부모님을 대동하고 와서 동의서를 받으라는 것이다. 깜짝 놀랐다. "북한이 좀 억압적인 사회라고 생각하고 있었는데, 길러준 사람의 동의가 있어야 군대에 갈 수 있었다." 원래는 아버지 어머니한테 알리지 않고 떠날 생각이었는데 계획이 왕창 망가졌다.

어머니는 이렇게 말했다. "네 삼촌이 월남했는데, 영장이 나왔으니 우리 성분도 그리 나쁘게 평가받지는 않았다는 증거라 한편 시원하고, 장남이 떠난다고 생각하니 한편 섭섭타." 아버지는 아무 말이 없었다.

"그때 나는 한창 세계일주라는 허황된 꿈에 젖어서, 군대 자원한 것도 어떻게든 남쪽으로 나와서 여행하려는 생각이 있었다. 아버지는 내가 거기서 군 생활 못하고 분계선 넘을 것 같은 예감이 있었던 것 같다. 떠날 때까지 계속 내가 잠들고 난 다음에야 간신히 주무시고 그랬다."

그해 6월 10일, 혜산을 떠났다. "열차 바퀴가 움직이기 전에 아버지 얼굴을 보니까 까맣게 되신 게 무척이나 침통해 보였다. 아들 마음에 떠돌이 기질을 갖고 있으니까 군대 가는 게 아니라 영원히 없

리영광과 아내 박안자.

어질 것 같다는 생각을 하신 거 같다. 나는 그런 아버지의 모습에도 아랑곳하지 않았다. 세계일주를 하려면 어차피 언젠가는 집을 떠나야 하니까."

그게 리영광이 아버지와 어머니를 본 마지막 모습이었다. 43년이다. 그때, 리영광이 잠깐 말을 멈추더니 원두막 지붕 너머 산을 한참 바라봤다.

휴전선을 넘다

입대 후 정확하게 석 달하고 8일이 지난 1967년 9월 18일 추석날 밤이었다. 리영광은 드디어 초소를 이탈했다. 모든 것이 계획된 일이었다. 땅과 하늘이 만나는 지점, 그 선에서 벌어지는 것들을 보기 위해, 세계일주를 위해.

"비탈을 한없이 내려가다가 걸음을 멈췄다. 그리고 다시 발걸음을 떼는데 눈에 뭔가가 걸리는 것이다." 눈높이에 피아노선을 연결한 대인지뢰 선이었다. 모골이 송연하고 식은땀이 샘솟는 가운데 좌우를 살피니 막 지뢰 안전핀이 빠지려던 참이었다. 숨을 억누르며 한 걸음 조심스레 물러나 전방을 관찰하니 똑같은 대인지뢰 피아노선이 2미터 간격으로 세 줄 더 보였다. 그의 표현대로 "머리 뼉다구도 못 건지고 죽을 뻔한" 것이다.

그 죽음의 선을 탈출하고 나니 갈대밭이었다. 휘영청 밝은 보름달이 비추는 갈대밭 속에 젊은 리영광이 섰다. "거기 김일성이 어딨고 박정희가 어딨나. 정말 평화로웠다. 비무장지대 아닌가. 무장이 없는."

그렇게 낭만에 젖은 리영광에게 이내 기다렸다는 듯이 총알이 쏟아졌다. 초소에 함께 근무하던 전우들의 공격이었다. 리영광이 말했다. "아무리 생각해도, 전우들이 일부러 나를 안 맞힌 거다. 생각해 보라. AK자동소총 탄창 하나에 총알이 30발인데, 세 명이서 90발을 쏴댔다. 그들과 나 사이의 거리가 20미터도 채 안 됐는데 한 발도 나를 맞추지 못했다. 그들은 북쪽만 열어놓고 동, 서, 남 세 방향에만 쏜 거다. 죽지 말고 돌아오라고." 그는 그렇게 지뢰밭에서도 살아남았고, 동료들의 우정으로 쏟아지는 총탄을 피해가며 남으로 왔다.

"살아 있으니 다행이지, 거기는 진짜 죽음의 밭이다. 총에 지뢰에. 하지만 군 생활 10년이면·청춘은 다 없어질 테니 어차피 인생 죽은 거라 생각하고 목 내놓고 온 거지. 생명은 귀한 건데 어찌됐든 살아 왔으니까 지금 이런 말도 하고 있네."

부엌에는 산에서 연결한 파이프에서 맑고 찬 생명수가 흘렀다. 리영광은 그 물을 한껏 들이켰다.

남한 정부에서는 귀순용사를 한국전력에 취직시켜주고 정착금을 줬다. 하지만 남한은 지독하게 가난했다. 가난했으되 무척 시끄러웠다. 개마고원처럼 혹독하게 춥되 아늑한 자연은 없었다. 세계일주를 꿈꿀 여력은 더더군다나 없었다.

리영광은 고민했다. "내가 돈을 꿈꿨으면 북쪽에서 벌지. 내가 원했던 것은 '자 — 유'였다. 탈출할 때 코앞에서 쏴대던 총소리가 그 후 10년간 귓전에 맴돌았다. 도시는 시끄러웠고 내 성질이 모질어서 걸핏하면 사람들과 부딪치는 것이었다. 사람이 잠잘 때는 조용하고 어두워야 하는데, 이건 무슨…… 도무지 사람 살 곳이 아닌 것이다."

몇 달 만에 서울 용산경찰서로 찾아가 "다시 북으로 돌려보내 달라"고 떼를 썼다. 사람들은 "온 지 며칠 됐다고 돌아간다고 하느냐"며 미친 사람 취급이었다. 세계일주의 꿈은 그렇게 쉽사리 실현되지 않았다. 아니, 불가능했다. 아버지의 환갑을 맞게 된 1983년, 서른일곱 살이 된 리영광은 깨우쳤다. "여기(도시)는 내가 살 데가 아닌데, 왜 도시에 있는 거지?"

북한을 나올 때 "아버지 환갑이 될 16년 후면 남북관계가 좀 좋아지겠거니" 했다. 그런데 1983년이 되어도 변한 것은 하나도 없었다. 그래서 '서울이여, 안녕!' 하고 지방을 떠돌았다. 이듬해에는 어머니가 환갑을 맞았다. 1984년에 춘천으로 가서 남의 집 머슴살이를 하며 자연을 접했다. 그리고 삼촌네 사돈댁 땅인 이곳 강원도 정선 산중에 왔다가 자연이 맘에 들어 눌러앉게 된 것이 서울올림픽 다음해인 1989년이었다. 이제 21년 되었다. 화전민이 버리고 간, 지은

지 100년 된 집에 살며 리영광은 지금 개마고원을 닮은 자연과 벗하고 산다. "좋은 집 지어준 사람들한테 고맙다는 인사도 못하고 산다"고 했다.

풀 밟지 마라, 아프다

캠코더 녹화 테이프를 막 갈아 끼우려던 참에 산새가 울었다. 한참 말이 없던 리영광이 말했다.

"살아 있다는 거 자체가 좋은 거 아닌가. 개복숭아 곱게 피어난 이 계절, 연한 녹색으로 뒤덮인 이때, 봄바람이 불어대고 새가 우짖는 이 좋은 날에 내가 살아서 말을 한다는 게 좋은 거니까. 저 뒤뜰에는 내가 좋아하는 작약, 연꽃 같은 새하얀 작약이 피어 있고 곰취에 참나물, 온갖 것들로 꽉 차 있어. 너무 풍족한 곳에 살지. 요새 바깥세상 어렵다고 하는데, 옛날 생각하면 그리 어려운 것도 아니야. 상대적인 빈곤이지. 펑펑 쓰다가 좀 못 쓴다고 어렵다고 하니. 물론 진짜 힘든 사람도 있겠지만."

처음 그가 이 골짜기에 들어왔을 때 지고 왔던 쌀 9킬로그램은 아직도 헛간에 있다. 대신 그는 실험을 했다. 개마고원에서 자주 캐먹던 돼지감자, 속칭 뚱딴지로 보름을 버텨봤다. 배는 주렸고 처음엔 정신이 혼미했지만 이내 적응이 되어 연명할 수 있더라는 것이다. 문득 산을 보니 모든 것이 생명체였고, 모든 것이 생명력이었다. 처음 그를 대면했을 때 느꼈던 것, 그러니까 그 아름다운 풍광 속에 그가 한 부분인 것처럼 느꼈던 연유가 이것이었다. 그는 이제 오롯이 자연과 하나가 된 것이다.

"애들은 철을 알아. 제철에 모든 걸 다 해. 때가 되면 그때를 어기지 않아. 날짜를 적어보면 꼭 그때에 나오고 그때에 꽃을 피우고 열매를 맺고……. 시간을 안다는 거지. 봄이 되면 나오고 가을 되면 열매 맺고 어기지 않는, 그 왈曰 자연自然이지, 있는 그대로. 나는 철이 없어서 이렇게 고향을 떠나지 않았나."

복사꽃이 농염하게 피어 있는 마당은 '들풀' 세상이었다. 그들을 밟기라도 하면 리영광이 얼굴을 찌푸린다.

"쟤들과 우리는 한몸인 거야. 다만 움직이지 못할 뿐이지. 우리는 움직인다는 그 차이뿐이야. 풀이랑 나무는 남이 아니라 내 몸이지. 그러니 밟으면 안 되지. 먹을 때가 되면 미안하지. 먹을 때도 죽이지는 않고 세 잎 나면 한 잎만 따 쌈해 먹고 그러지. 나도 살아야 하니까. 대신에 마음으로 미안하다, 하면서 뜯지. 공기만 먹고는 못 사니까. 하지만 쟤들과 나는 한 생명이니까 귀한 거지." 먹을 풀이 많으니 굳이 고기는 찾아서 먹지 않는다고 했다. 리영광은 한참 동안 농약을 쓰는 농사, 제초제를 쓰는 농업, 욕심을 부리는 과소비를 걱정했다.

"사람이 먹자고 농사짓는데 왜 농약을 뿌리나. 그런 마음으로 농사지어야 하는데 이건 먹는 거 관계없이 팔아먹어야 하니까 제초제까지 쓰지. 그 사람들한텐 풀이 원수지 뭐. 우리 집 오면 기절하지, 씨가 펄펄 날아다니니까. 여기는 뭐든지 심으면 잘 돼. 대신에 노루하고 토끼하고 나눠 먹어야 하지. 고추 심으면 노루랑 토끼가 먹고 가. 무도 먹고. 걔들이 먹고 자고 아침에 가. 그리고 남은 거 우리가 먹고. 걔들이 양심이 있어. 농사짓는 사람도 먹으라고 남기는 거지."

'우리'는 리영광 본인과 부인 박안자[60]다. 1998년에 그를 주인공으로 한 TV 다큐멘터리가 전파를 탔다. 남편과 헤어지고 죽을 준비를 하고 있던 부산 여자 박안자가 그때 TV를 봤다. 비 쏟아지는 운두령을 비옷 입은 채 자전거 타고 오르는 리영광의 뒷모습 엔딩 씬을 보고 "죽더라도 저 사람 한번 만나고 죽자"며 무작정 이 골짜기를 찾아왔다.

닷새를 함께 살고 나서 그녀가 말했다. "나, 죽는 거보다 당신이랑 같이 사는 게 나을 것 같다." 그리고 "나는 총각이니 일 년 정도 사귀다가 결정하자"는 리영광을 달달 볶아서 "나, 시간 없다"고 몰아대며 일주일 만에 결혼했다. 춘천에서 인연이 된 분들이 춘천에서 구식 결혼을 시켜줬다고 했다.

세계일주 이후로 연기해 뒀던 일체의 세상살이 가운데 결혼은 그렇게 이루어졌다. 결혼한 이래 두 사람은 죽음도 못 갈라놓을 연분을 맺으며 살고 있다. 24시간 함께 지내면서 대화도 둘이서 하고

" 저 하늘과 땅이 맞붙은 거기에는 뭐가 있을까 늘 궁금해. "

잠도 둘이서 자고 산도 둘이서 보고 산책도 둘이서 한다.

　　몇 년 전, 두 사람은 금강산에 다녀왔다. 슬펐다. "충격이었다. 마음이 많이 아팠다. 차라리 가지 말 걸. 나라가 하나 된 다음에 내 멋대로 다닐 걸. 눈으로 본 건 너무 좋았는데 하나가 못 돼서. 남북이 갈라져 있는 게 새삼 너무 아팠다. 좋은 거 본 것만큼, 그만큼 마음이 참 아팠다."

　　금강산에서 돌아온 후, 리영광은 한참 동안 심하게 몸살을 앓았다. 이후 리영광은 여행 이야기를 쉽게 꺼내지 않는다. 대신에 자연과 산다. 험난하기 짝이 없고, 멀기 짝이 없는 긴 여정을 지나 개마고원을 닮은 자연으로 돌아온 것이다.

작약꽃이 불러일으키는 그리움

귀한 것을 보여주겠다며 리영광이 나를 집 뒤쪽으로 데려갔다. 비탈과 담벼락 사이에 좁은 공간이 있는데, 온갖 풀들이 흐드러지게 피어 있는 것이었다. 둥굴레, 명이, 곰취, 참나물, 원추리, 더덕……. 그 가운데 눈에 확 띄는 새하얀 꽃이 있으니, 그가 그리도 자랑하고 사랑하는 작약이었다.

"정말 귀한 식물이야. 어릴 때 개마고원에서 봤는데 가슴이 설레었지. 하얀 연꽃 같아. 오늘도 산에서 다섯 포기를 보고 왔는데, 보기만 해도 가슴이 설레." 작약은 그에게 자연이기도 했고, 그리움이기도 했다. 못 다 이룬 꿈이기도 했다.

젊은 나이에 가족을 버렸으니 회한과 죄스러움은 굳이 언급할 필요가 없다. 그 또한 몇 가지 회한을 이야기했으나 서글픈 인지

상정은 구태여 인용할 필요를 느끼지 못한다. 다만 그의 '귀순 동기'와 '자연주의 삶'에 대한 철학과 회한만은 들을 가치가 있다.

"어릴 때는 세계를 한 바퀴 다 돌고 싶었는데, 그때는 아무 생각 없이 그저 지구 한 바퀴 돌고 싶었던 거지. 나이를 먹고 보니 지금은 압축해서 자연이 살아 있다고 생각하는 곳, 티베트나 몽골에 갈 꿈을 간직하고 있어. 도시 같은 데는 아무리 화려해도 가보고 싶지 않아. 언젠가는 꿈이 이루어지겠지."

가만히 앉아 있던 그가 멀리 손가락질했다.

"저 하늘과 땅이 맞붙은 거기에는 뭐가 있을까 늘 궁금해. 우리나라 바깥에는 무엇이 있을까. 그래서 젊을 때는 지구를 다 돌아보고 싶었는데 지금은 그런 궁금증이 다 해소됐으니까 그냥 몇 군데, 자연이 살아 있는 곳으로 가보고 싶어. 내가 북쪽 가도 어차피 살 체질이 못 돼. 얽매이는 거 싫어하니까. 집단생활도 싫고. 여기도 물론 자유롭지 못하다 해도 여기는 내 꼴값하는 대로 있으면 그만이니까. 고향 가는 건 포기했어. 첫 단추를 잘못 낀 거니까. 20대에 허황된 꿈 때문에 남쪽으로 나온 게 내 실수지." 자연 속에서 그는 욕심 버리는 법을 배웠고, 철을 아는 법을 익혔다.

하지만 그는 늘 그립다. 고향이 그립고 세계가 그립다. 김찬삼을 읽고 한비야를 읽으며 간접여행을 했으니 이제 여행 필요 없다고 소리치지만, 자유를 찾아 먼 길을 떠났던 사람의 말에는 그리움이

가득 묻어난다.

"더 큰 꿈은 나라가 하나 되면 동해에서 남해, 서해를 고무보트 저어서 압록강, 두만강까지 가보는 거야. 남태평양 피지 섬까지. 거기 가서 밤이면 형광으로 빛나는 크릴새우 떼를 보고, 산호섬에 가서 목욕하면서 삶을 마무리하고 싶지. 그런데 피지까지 8천 킬로미터라는데 갈 수 있을까? 내가 늙어서 노를 저을 수 있을까? 돛단배를 띄우면 될 텐데, 피지까지 가려면 적도를 지나야 하는데, 적도는 무풍지대라 돛단배도 안 된다는데……."

그 깊은 산속 골짜기에서 광대한 꿈을 가진 노인을 만났는데, 너무 슬펐다.

처음에는 빈 항아리에서 진짜 돈이 생기는 줄 알았지만, 사실을 알고 실망보다는 기쁨이 컸다.
이후 그는 항아리에서 비둘기를 꺼내고, 화염을 만들었다. 가수 김정구가 말했다.
당신은 마술계의 황제, 알렉산더다.

1세대 마술사 알렉산더 리

알렉산더 리

중국인 마술사가 서울 용산에 출현했다. "이 항아리 봐라해, 아무것도 없다해. 아 그런데 이거 봐라해. 쌀 나왔다해, 쌀!" 분명 텅 비었던 항아리 속에서 쌀이 나오고, 성냥곽이 나오고 콩이 튀어나오는 것이다. 구름처럼 몰려든 관중 틈에서 아이 하나가 꼴깍 침을 삼켰다. '마술만 배우면 배 안 곯겠다.' 사람들이 사라지고 나서 아이는 마술사에게 접근했다. "나, 마술 가르쳐줘요."
마술사는 기도 안 찬다는 눈으로 바라봤다. "이거, 어려워서 아무나 못 배운다해." 마술에 의탁해 굶주림을 면하려던 어린 꿈은 물거품이 됐다. 하지만 훗날 아이는 마술 같은 인연으로 진짜 마술사가 되었다. 이흥선[86], 62년째 마술을 공연하고 있는 대한민국 1세대 마술사다. 예명은 '알렉산더 리'다.

"그 시절엔 다들 마찬가지였지만, 너무 가난했다. 그래서 마술 배우면 없던 쌀을 마구 만들어낼 수 있는 줄 알았다니깐. 그만큼 사람들이 순진하기도 했고." 이흥선이 말했다.

별로 관심 없던 공부. 그래서 중학교를 다니다 말고 그는 돈벌이에 뛰어들었다. 체력만큼은 자신 있었다. 친구들과 함께 한강 백사장에 나가 하루 종일 기계체조를 배웠다. 철봉에서 재주를 넘고, 평균대 위에서 물구나무를 섰다가 뛰어내리기도 하고 맨땅에 여럿이서 인간탑을 쌓는 재주도 익혔다. "그랬더니 사람들이 박수를 막 치는 거다. 그래서 서커스단에 들어갔다."

이흥선이 지갑에서 빛바랜 사진을 꺼낸다. 웃통을 벗어젖힌 젊은 이흥선이 눈에 들어온다. 요즘 말로 '몸짱'이다. 이흥선 패거리는 유랑극단 단원이 되어 팔도를 떠돌았다.

"그런데, 단체 묘기는 한 사람이라도 아프면 못하거든. 혼자 할 수 있는 재주가 있어야겠구나, 생각해서 차력을 배웠지." 차돌을 맨손으로 부수고 병목을 날려버리던 몸짱 단원 이흥선은 이내 다른 서커스단으로 스카우트됐다.

부산에서 흥남, 흥남에서 평양, 그리고 강만 건너면 만주 땅인 함경북도 주을까지 돌아다녔다. 그가 회상한다. "어찌나 추운지, 관객들이 포대기를 뒤집어쓰고 눈만 빼꼼 내놓고 구경했다니까. 진짜 웃겼어." 배삼룡, 심철호, 김정구 기타 등등 걸출한 예인들도 수시로 같이 다녔다.

마술을 부리는 마술에 걸리다

나라에는 해방이 찾아왔고, 차력사에게는 마술처럼 마술이 돌아왔다. "서울에 있는 한 극장에서 공연을 하는데, 엽청강이라는 젊은 대만 마술사가 다급하게 나를 찾아왔어. 전날 밤에 여권이랑 지갑을 몽땅 도둑맞았다는 거야. 당장 출국해야 되는데, 서류가 없어졌다고." 이흥선은 무작정 그를 집으로 끌고 갔다. 며칠 밤을 재워주고, 서류도 챙겨줬다. 몇 달 뒤, 그가 다시 한국에 와서 이흥선에게 이렇게 말했다. "차력은 늙으면 못하지만 마술은 몸 움직일 힘만 있어도 할 수 있다. 그러니 마술사가 되시라." 그러면서 모자에서 비둘기 꺼내는 법, 깡통에서 담배 꺼내는 법을 가르쳐줬다.

그는 "그제서야 빈 항아리에서 쌀이 생기는 게 아니라는 걸 알게 됐다"고 했다. 마술 도구를 직접 만들고, 부수고, 또 만들며 손재주를 익힌 끝에 그는 1949년 자기가 만든 '천마 극단'에서 마술사로 첫 공연을 했다. 비둘기가 천막 속을 훨훨 날아다녔고, 순진한 관중들은 우레 같은 박수를 쏟아냈다.

그 후, 전쟁이 터졌다. 마술 도구 가득 든 짐보따리를 들쳐 메고 처가가 있는 전북 고창으로 피란을 가다가 한 경찰서 지서에서 신세를 졌다. 지리산 빨치산들이 수시로 출몰하는 곳이었다. 고장 난 소총을 보고 이흥선이 말했다. "이거 내가 고쳐볼라요."

마술사가 소총을 수리한다? 마술로? 이흥선은 도구 만들던 솜씨로 소총들을 낱낱이 분해하고 수리해 재조립했다. 지서장은 그에게 경찰복을 입히고 '이 순경'이라고 불렀다.

며칠 뒤 첩보가 입수됐다. 빨치산 1개 부대가 쳐들어온다고. 이 순경은 대나무를 깎아 지서 담벼락에 나란히 세운 뒤 끈을 교묘하게 연결시키고 철모를 씌웠다.

그날 밤, 지서 안에서 끈을 잡아당기자 철모들이 이리저리 움직였다. "순경 여섯밖에 없다던 지서에 저렇게 병력이 많으니, 빨치산들이 올 수가 없었지. 포기한 거지." 개구쟁이처럼 순진한 표정으로 이흥선이 웃었다. 남도 땅에서 그는 경찰부대를 돌면서 위문공연을 펼쳤다.

김두한도 반해 버린 그 시절의 이흥선

전쟁이 끝났고, 마술사는 서울로 돌아왔다. 폐허가 된 땅에 마술은 큰

" 마술 배우면 없던 쌀을 마구 만들어낼 수 있는 줄 알았다니깐."

" 해서 행복했고, 봐서 행복한 마술로 평생을 살았다.
후회? 절대 없어. "

위안이었다. 이흥선은 극장식당과 유랑극단을 오가며 마술쇼를 펼쳤다. 집에 돌아오면 마술 도구를 만들고 나가면 공연을 했다. 이흥선이 말한다. "마술사 손은 거칠면 안 돼. 비단 손수건이 달라붙거든. 근데, 도구 만들다 보면 흉터도 생기고 해서 손 관리가 힘들었지." 그래서 여자들처럼 구리무에 구리세린까지 열심히 발랐다고 한다.

집은 공장 같았다. 큰딸 이영숙[64]이 말했다. "아버지 서재랑 창고에는 없는 게 없었다. 공구에 마술 도구에, 이건 웬만한 공업사보다 짐이 더 많았다니까." 그녀 또한 "어릴 때에는 항아리에서 돈 꺼내고 쌀 꺼내는 아버지를 보고 우리 집이 굉장한 부자인 줄 알았다"고 했다.

그 도구로 이흥선은 매일 새로운 마술을 선보였다. 한 극단에서 펼친 공연을 김두한이 지켜보다가 '우미관'으로 그를 스카우트했다. "당시 우미관 '오야붕'이 김두한이었다." 그가 어찌나 이흥선을 애지중지했던지, 그 때문에 하루는 굉장한 폭행 사건이 있었다고 한다.

"무대 바로 아래에서 직원 하나가 큰소리로 떠들었다. '조용히 좀 했으면……' 하면서 공연을 마쳤는데, 조금 있다가 어디서 장작 부러지는 소리가 나는 거다. 놀라서 봤더니 김두한이 그 직원을 떡이 되도록 패고 있더라"고 했다. "야, 이흥선이 공연하는데, 사람들 조용히 시켜야 할 놈이 떠들어!" 하면서 말이다.

1964년에는 동양방송[TBC]이 개국 특집으로 방송한 〈마술쇼〉

에 이흥선이 출연했다. 이후 이흥선의 주가는 하늘을 찔렀다. 많으면 열 군데까지 극장 공연을 나갔다. 한 달에 한 업소에서 받는 공연료는 50만 원. 그러니까 60년대, 70년대 그 시절 이흥선의 한 달 수입이 500만 원이었다. 그 돈 다 어디로 갔을까. 딸 영숙이 말했다. "마술 공연할 때 제일 많이 쓰는 말이 '여기 봐요, 아무것도 없죠, 없죠, 잖나. 그래서 마술사한테는 돈이 안 붙는단다. 살다 보니까 그 돈 다 어디 갔나 우리도 모르겠다."

그저 마술이 좋아서 무료 공연해 주고, 딱한 사람한테 돈 주고 그러다 보니 어느새 사라지고 없더라는 것이다. 그러면 사모님 호강은 시켜주셨는지? "그럼! 호강시켜줬지" 하고 이흥선이 크게 웃는데 옆에 있던 딸이 핀잔을 한다. "무슨 말씀! 어머니가 아버지 호강시켜줬죠." 중매로 만나 결혼한 4년 연하 오금순은 2007년에 하늘로 갔다. 이흥선은 언젠가 다시 그녀를 만나면 유랑하지 않고 꼭꼭 붙어서 제대로 호강을 시킬 참이다.

외국에서 마술사가 오면 으레 알렉산더를 찾았다. 그리고 서로 기법을 교환해 가르치고 배워갔다. 가끔 먹고살 방법이 없다는 가난한 자가 찾아오면 마술 몇 가지를 가르쳐줬다. "그런 사람은 절대로 비밀을 남한테 안 알려주거든. 왜냐면 그게 자기 밥벌이니까."

알렉산더도 다른 한국 마술사에게 불 쓰는 마술을 물어본 적이 있다. "그런데 그 사람이 순서를 거꾸로 알려준 거다. 그래서 가르

외손자 김정우(왼쪽)와 사진 속 젊은 이흥선, 그리고 지금의 이흥선.

처준 대로 했다가 얼굴을 확 데었어. 큰일 날 뻔했어." 하기사 외국 마술사야 시장이 다르니 상관없지만, 같은 한국 땅에서 마술사가 마술사에게 영업 기밀을 알려줄 리 있겠는가.

1980년에 서울 명동에 있는 '퍼시픽호텔' 극장식당에서 공연할 때였다. 〈눈물 젖은 두만강〉을 부른 김정구가 그에게 말했다. "이름이 촌스럽다. 내가 예명 지어준다. 당신은 마술계의 알렉산더 대왕이다. 오늘부터 이흥선은 알렉산더 리다." 그날 이후 지금까지 그는 알렉산더 리로 불린다.

알렉산더 매직 패밀리가 떴다

백사장 기계체조꾼이 차력사가 되고, 차력사가 마술사가 되어 알렉산더 대왕이 되었다. 그 사이에 아내도 무대에 오르고, 큰딸도 무대에 올라 마술 보조를 했다. 1979년에는 MBC 인기프로그램인 〈묘기대행진〉에 외손자 김정우[40]와 함께 출연했다. 큰딸네 둘째 아들인 정우는 당시 아홉 살이었다. 정우는 공식적으로 대한민국의 최연소 마술사였다. 그렇게 세월이 흘러, 어느덧 TV와 영화가 대중화된 세상으로 변했다. 1980년대에 접어드니 문득 세상이 마술사를 찾지 않았다. 덧없다.

그런데 1990년대에 마술처럼 마술이 부활했다. 젊은 마술사들이 나타나 대중 스타가 되었다. 청년들이 알렉산더를 찾아와 제자가 되었다. 알렉산더는 '알렉산더 매직 스쿨'을 만들어 제자를 길렀다. 그 제자 가운데 〈묘기대행진〉에 출연했던 외손자 김정우가 있다. 정우는 일본과 러시아를 오가며 첨단 마술을 배우더니 아예 알렉산더를 잇는 수제자가 되어버렸다. 정우의 형 준오[42]도 국내외를 바지런히 오가며 마술 사업 중이다. 이름하여 '알렉산더 매직 패밀리'다.

서울 홍대 앞에 가면 '알렉산더 매직 바'라는 카페가 있다. 이 패밀리가 운영하는 마술 카페다. 거기에서 이 마술사를 만났다. 벽에는 왕성했던 시절 찬란한 알렉산더 리의 사진들이 즐비한데, 내 눈앞에는 마술로도 되돌릴 수 없는 한 노인이 앉아 있다. "해서 행복했고, 봐서 행복한 마술로 평생을 살았다. 후회? 절대 없어. 잘 살았지."

가난한 시대, 이 땅의 민초들에게 안식을 선물했던 마술사가 해맑게 웃었다.

II:
역경이 꽃피운 예술

석창우 ◀

박공숙 ◀

이나경 ◀

박미산 ◀

단 한 번도 사랑했던 적 없다. 그까짓 뿔, 없으면 어떤가.

온몸으로 봄을 늦여 화선지에 상다만상 창조할 수 있으니.

게다가, 보라, 그에게는 한없이 베풀어주는 가죽이 있지 않은가.

팔 없는 화가 석창우

석창우

1988년 2월 1일 아침, 네 살 된 아들이 연습장을 들고 엄마에게 말했다. "새 한 마리만 그려줘." 집안일에 바빴던 엄마가 대답했다. "종인아(마침 이 아들 이름이 필자 이름과 똑같다), 아빠한테 그려달라고 해." 몇 촌음이 흐른 후 여자가 퍼뜩 정신을 차렸다. '아니, 내 정신 좀 봐.' 서둘러 건넌방으로 뛰어간 엄마 눈앞에 펼쳐진 것은 두 팔 없는 아빠 석창우가 의수義手 갈고리에 연필을 끼우고서 진지하게 새를 그리고 있는 광경이었다. 그게 시작이었다. 감전 사고로 두 팔과 왼쪽 발가락 두 개를 잃은 전기기사가 화가로 둔갑한 것은.

둘째이자 장남인 종인이가 태어나고 한 달 반이 지난 1984년 10월 29일 오후 12시 30분. 서울 배문중학교와 영등포공고, 내친 김에 경기공업전문학교 전기과와 명지대학교 전기공학과를 졸업한 전기기사 석창우[55], 감전되다. 의뢰받은 한 기업 전기시설을 점검하다가 2만 2,900볼트짜리 전기에 감전됐다.

석창우가 팔 없이 처음으로 그린 그림.

왼쪽 발등으로 들어온 전류는 두 팔과 오른쪽 장딴지로 빠져 나갔다. 결국 발가락 두 개를 잘랐고, 꺼멓게 타버린 두 팔은 어깻죽지부터 잘라냈다. 스물아홉 먹은 젊은 가장이 1년 반을 병원에서 죽은 듯 살았다. 석창우, 그는 "그때 두 팔과 헤어졌다"고 표현했다. 아버지한테는 "나 좋아하는 낚시 하는 데 조금도 불편함 없으니 걱정 마시라"고 큰소리쳤다. "연금도 나오고 아직 젊은데 뭘 못 하겠냐."고 아예 한마디 더 해 드렸다.

"당신 그리 되었으니 이제 내가 일해야지, 뭐." 3년 연애 끝에 만난 아내 곽혜숙[50]은 낙천적인 여자였다. 아무 내색 없이 그녀는 이 일 저 일 찾아가며 일했다. "1급 장애인 연금이 가장 박할 때 재수 없이 사고를 당하는 바람에 아내가 일을 해야 했다"고 석창우는 투덜댄다. 울고불고 했어야 할 아내가 편안하게 대해 주니 석창우는 어느 날부터 '아, 이거 별거 아닌가 보다' 하고 생각하게 됐다고 한다.

두 팔과 헤어졌지만 인생은 남았다

아내 일 시키고 무능력해진 가장이 병원에서 퇴원해 하릴없이 시간을 때우고 있는데, 바로 그날 정신없는 아내가 그림을 그리게 한 것이다. "그 그림을 처형이 보고서 자기 동생한테 이렇게 말했다. 팔 있는 사람보다 더 잘 그리니, 돈은 혜숙이 네가 벌고 석 서방은 절대로 딴 일 시키지 마라." 석창우의 인생, 그리 되었다. 2년치 연금을 한꺼번에 받아 집값 싼 전북 전주로 이사 가서 살 때였다. 화가는 20년이 지난 오늘까지 그 첫 작품을 간직하고 있다.

"남이 잘 그린다, 잘 그린다 하길래" 이 학원 저 학원 기웃거리며 받아달라고 했다. 대답은 모조리 아니 될 말씀이었다. 팔도 없는 사람이 그림을 그린다고?

물감을 많이 쓸 수 있는 손이 아니니, 먹만 쓰는 사군자^{四君子}를 배우자. 그리 생각해서 원광대학교 서예과 여태명 교수를 찾아갔다. 한 살 아래인 여태명은 고개를 갸웃거리며, 그러면 포기할 때까지만 같이 해보자고 받아들였다.

피터팬을 괴롭힌 후크 선장 손을 닮은 갈고리에 붓을 끼우고 투쟁한 지 한 달 만에 교수가 본격적으로 하자고 그를 제자로 맞이했다. 글씨를 먼저 배우고, 당시 갓 태동하고 있던 문자추상^{文字抽象}을 배웠다. 한자를 풀어헤쳐 추상 도형을 만드는 분야다. 병원 퇴원 후, 좋아하는 맥주 병마개를 따기 위해 두 시간을 고생해야 했던, 장애인

석창우가 그렇게 예술을 배워갔다.

"비장애인들은 해야 할 일이 많으니까 집중하기가 어렵다. 그런데 나는 딱히 할 일이 없으니까 남보다 더 오래 연습할 수 있었다. 남이 세 시간 하면 나는 열 시간을 학원에서 꼼짝 않고 앉아 있었다."

석창우는 1991년 〈전라북도 서예대전〉에서 입상했다. 5년 안에 남보다 잘 그리겠다고 했던 다짐을 3년 만에 이루었다. 예술계에 입문한 연상의 제자에게 스승은 '금곡'이라는 호를 지어줬다. 스승이 아니라 금란지교金蘭之交의 우정을 나누는 사이라 해서 '금金', 팔을 베개 삼아 잠을 자는 즐거움, 즉 가난에 만족해 그 속에서 즐거움을 찾는다는 의미의 '곡굉지락曲肱之樂'에서 '곡曲'을 한 자씩 따온 호다.

누드 크로키에 미치다

그러다 1995년 대구예술대학교 서예과 김태정 교수의 누드 크로키 강의를 듣고서 필이 꽂혔다. "먹과 붓의 역동적인 힘, 그리고 순식간에 인체의 특성을 잡아내는 크로키. 사람 몸이 산이 되고 바다가 되고 일필一筆로 삼라만상을 풀어내는, 그게 너무 좋았다."

처음부터 다시 시작했다. 그 뒤로 6년 동안 연필을 갈고리에 끼우고 크로키를 했다. 연필이 자유롭게 느껴지던 날, 연필을 버리고 붓을 끼웠다. 붓이 훨훨 날았다. 1998년 첫 개인전을 연 이래 국내외

전시회가 끊임없다. 2002년에 발행된 한 중학교 미술 교과서에는 그의 문자추상 작품 〈세종대왕〉이 실려 있다.

그 사이 다시 서울로 올라왔는데, 아내 곽혜숙은 향학열에 불타는 남편을 매달 한 번씩 전주에 있는 스승 앞에 데리고 갔다. 그렇게 3년 만에 그녀가 선언했다. "나 이제 식당 열어서 제대로 돈 벌 터이니, 미안하지만 당신은 이제부터 독립이다."

그리고 석창우의 휴대전화를 그녀가 가져갔다. 전화받기 불편한 남편을 배려하여 외부와의 의사소통은 그녀가 먼저 하고 그녀가 집 전화로 남편을 연결해 준다. 그런 아내가 참 고마운데, 이 무뚝뚝한 경상도 사내는 아직 한 번도 그런 쑥스러운 감사의 언사를 해본 적이 없다고 했다.

대신에 또 그가 선언했다. "이제 예술에 매진하려 하니, 갈고리로 밥 먹을 방법 연구는 그치겠다. 언제나 내 오른쪽에 앉은 사람이 나를 먹여라." 어느덧 성장한 아들은 그런 아빠에게 "아빠가 아니라 철없는 형 같다"고 수시로 핀잔이다. 생맥주를 좋아하는 석창우가 아들에게 "장애인한테 맥주 좀 사라"고 하면 "아빠는 무늬만 장애인이지 무슨!" 하며 거절한다. 그런 아들은 지금 "아빠 보니까 순수예술로는 먹고살 수 없다"며 디자인을 전공하고 있다.

그렇다고 낙천에 가린 고난이 없을 리 없다. "경제적으로 궁핍했으니, 그게 첫째다. 아내 아니었으면 정말 힘들었을 것이다. 그리고 의수라는 게 사람 몸처럼 유연하지 않으니 그림을 그릴 때 각도가 나오지 않는다. 그게 두 번째 힘든 점이다. 그리고 장애인이라고 놀리는 사람들도 힘들다."

하루 연습을 하고 나면 허리가 빠질 것 같았고 며칠씩 몸살을 앓았다. 밥 먹는 시간 빼고 하루 열 시간씩 연습을 했다. 그런데 "어느 날 갑자기 모든 행동이 가뿐해지더라"고 했다. 만나는 사람마다 작품에 대해서보다는 장애인으로서의 삶, 곤궁함, 가족의 불편함 따위를 묻는 것도 싫었다.

따뜻한 사람은 갈고리를 쥔다

그가 말했다. "생각해 보니까 장애인이라는 꼬리표는 죽을 때까지 안 떨어지는 것 아닌가. 그래서, 다 잊고 살자고 다짐했다. 그러니 마음까지 편해지더라." 조금씩 조금씩 그는 도사급 경지에 오르고 있었다. 그에게는 '성엣장'이라는 호가 하나 더 있다. 유빙流氷. 물에 떠가는 얼음처럼, 자연스럽게 녹아 사라지는 존재가 되겠다는 뜻으로 직접 지은 호라고 했다. 역시나 그를 한 번 만나면 그가 왜 성엣장인지 느끼게 된다.

비실비실 봄비가 내리던 날이었다. 서울 노량진에 있던 그의 작업실을 찾았다. '석창우 누드 크로키 연구소'라고 새긴 석각 간판이 붙어 있었다. 역시 그의 작품이다. 명함을 내밀고 악수를 하려는데, 만질 손이 없다. 그가 말했다. "따뜻한 사람은 갈고리를 쥐고, 정치인은 소매 속 팔목을 쥔다. 착한 사람은 나에게 묻고서 갈고리를 쥔다." 그래서 따뜻한 척하려고 갈고리를 쥐었다.

촬영을 위해 조명을 설치하고 전원을 연결하는 동안 그가 내게 말을 걸었다. "작업하려면 셔츠를 벗어야 한다. 좀 벗겨 달라." 사십대 남자가 오십대 남자의 셔츠 단추를 끌러 벗겨냈다. 피노키오 같은 의수가 나왔다. 그가 말했다. "내가 손이 없는데, 내가 마음을 열면 세상에는 내 손이 너무 많더라. 당신처럼, 따뜻하게 내 손이 되어 나를 벗겨주지 않는가."

화가는 초대형 화선지 위를 날아다니며 붓을 놀렸고, 방문객은 그 춤사위에 취해 정신없이 셔터를 눌렀다. 정신을 차렸을 때, 화선지 위에 사람이 앉아 있었다. 학이 날았고, 산 위로 구름이 날았다. 몇 초 만에 이뤄진 장엄한 퍼포먼스 앞에서 두 번 놀랐다. 그저 굵은 붓이 몇 번 움직였는데 저렇게 힘찬 도형이 나온 것. 그리고 그 역동적인 그림을 그린 화가가 이렇게 왜소하고 남보다 불편한 사람이라는 것. 그가 풀이했다. "팔이 없으니까, 온몸으로 그림을 그린다. 그러다 보니 그 힘이 붓으로 전달되고 화선지에 표현되는 거 아닐까."

그의 작품을 상설 전시하는 곳이 한 군데 있다. 갤러리 이름은 서울 여의도 렉싱턴 호텔 옆에 있는 남중빌딩 2층 '정오생태탕'이다. 바로 매정하게 남편을 독립시켜버린 아내 곽혜숙의 식당이다. 그곳에서 열심히 일하고 있는 석창우의 아내에게 전화를 했다. "솔직하게 말씀하시라. 힘드시지 않았나?" 대답은 이러했다. "세상에 힘들지 않는 사람 어디 있는가. 사람은 누구나 혼자 사는 것이다. 석창우도 혼자 살았고, 나도 혼자 살았다. 석창우 그 화가, 자기 손으로 일어선 거지, 나는 한 일 없다."

봄비 내리던 날에 팔 없는 남편이자 철없는 형, 한없이 베푸는 아내, 그리고 아무렇지도 않게 장애인 아빠를 힐난해대는 아들과 딸로 구성된 낙천 가족 속으로 잠깐 틈입했다가 돌아왔다. 며칠이 지나도록, 유쾌했다.

"사람 몸이 산이 되고 바다가 되고
일필로 삼라만상을 풀어내는, 그게 너무 좋았다."

잔가지 많은 작은 소나무, 보득솔이 노래를 한다.
차가운 바람에 솔가지가 전율하지만, 대기에는 그녀가 쏟아낸 한(恨)이 예술로 변해 진동한다.
키 작은 국악인, 박공숙은 거인이다.

키 작은 국악인 박공숙

박공숙

경기도 파주의 자운서원 푸른 뜰에서, 하얀 한복을 곱게 차려입은 박공숙[62]이 노래를 한다. 〈아리랑〉 가사에 기대어, 그녀가 육십 평생 한恨을 풀어낸다.

> 사람이 한평생 사연도 많고
> 굽이굽이 감돌아드는 얘기도 많다
> 우리네 인생이 짧다고 해도
> 이어지면 천 년이요 손잡으면 만 년이라
> 저기 저 산 너머 백두산이라지
> 꽃 피고 새 우는 봄철일세
> 아리랑 아리랑 아라리요, 아리랑 고개를 넘어간다

부산에서 태어나 여섯 살이 되던 1954년, 박공숙은 유모 손에 이끌려 미끄럼틀에 올라갔다가 거꾸로 떨어져 척추가 부러졌다.

인형 같다며 미군 장교들이 양딸 삼고 싶어했을 정도로 예뻤던 7남매의 둘째 딸은 그만 가슴과 등이 휘어버렸고, 키는 140센티미터에서 성장이 멎었다. 등 부러진 딸을 업고서 엄마는 경기 민요를 자장가로 들려줬다. 비뚤어진 바깥 사람들 눈총이 아파서 아이는 늘 집에 틀어박혀 노래를 했다. 친구였다, 노래는. 대한민국에서 장애인으로 성장하면서 박공숙은 그 한을 노래로 풀며 살았다. 그녀는 중요무형문화재 57호인 경기민요 전수자가 되었다.

"우리 집이 부자였다. 사고 난 후에도 유모 손잡고 학교도 다녔다. 그런데 사람들 눈이 너무 차갑고 이상했다. 차츰 바깥나들이를 하지 않고 집 안에 틀어박혔다. 그러는 사이에 내 치료비 대느라고 집안은 풍비박산이 됐고."

경기도 파주 금촌에 있는 박공숙의 집에서 그녀가 말했다. 60 평생 셀 수 없이 받았을 질문에 그녀의 대답은 무척 담담했다. 가족에 의지해야 하는 것이 자존심 상했다. 그래서 열심히 집안일을 했다. 외로울 때면 노래를 했다.

"엄마가 민요를 불러주기도 하고, 레코드판을 구해다 주기도 했다. 그게 그렇게 좋았다." 설거지를 하면서, 비질을 하면서, 걸레질을 하면서, 머리를 빗으며, 박공숙은 노래를 했다. 누가 놀러 와서 "노래 좀 불러봐" 하면 어린 소녀 입에서 자동으로 민요가 흘러나왔다. 그래서 꿈을 가졌다. "크면 시골 내려가 초가집 짓고 촛불 켜놓고 밭일 끝난 농부들한테 노래 가르치며 살아야겠다."

운명처럼 찾아온 민요

자기 때문에 어려워진 집안에 더 이상 의지할 수는 없었다. 그래서 서른 되던 해, 대학 간 동생들 뒷바라지하겠다고 서울로 올라왔다. 그때까지 부모와 형제를 울타리로 살았던 박공숙은 동생들을 위해 사회 일을 하면서 더욱 두터운 편견의 벽에 부딪쳤다.

1980년대, 대한민국 수도 서울은 장애인이 살 만한 도시가 아니었다. "그래서 공예를 배웠다. 한지 공예. 동판 공예도 배웠고 뜨개질도 배웠다. 먹고살려고, 그리고 나 같은 장애인들 가르쳐서 자립시켜 주려고."

그때 문득 민요가 가슴속으로 돌아왔다. "내 몸이 너무 힘들어서 안 하려고 했다. 그런데 안 하겠다고 생각하니까 내가 없어질 것 같은 것이다. 단 몇 사람이라도 내가 가르쳐서 아리랑을 부를 수 있게 되면 얼마나 좋을까, 그런 생각도 들었고······."

동네 문화센터에 다니며 민요를 배우던 박공숙에게 친구가 권유했다. "너, 노래 잘하니까 문화재 선생 찾아가서 정식으로 배워라." 그래서 친구 손잡고 경기민요 기능보유자 이은주 선생을 찾아갔다. 세월을 굽이 돌아 그렇게 노래가 그녀에게 다가왔다.

그 이야기를 하면서 박공숙이 울었다. 대로변에 있는 작업실

바깥은 폭염으로 엉망진창인데 선풍기 바람을 맞으며 박공숙은 조용히, 그리고 진지하게 울었다. "살면서 눈총받는 것은 얼마든지 참을 수 있다. 그런데 내가 가면 학생들, 나랑 같이 소리를 배우는 사람들이 나를 아래위로 훑어보더라. 노래도 못하는 장애인이랑 같이 배우게 생겼다는 한숨 소리도 들리고······."

그때 박공숙은 새벽이면 약수를 떠서 도봉산으로 올라가 소리를 공부하고 있었다. 늘 정해놓은 바위가 있었다. 정말 노래만큼은 자신이 있었는데, 노래를 못하는 장애인이라니······. 다른 사람들은 공연 무대도 냉큼냉큼 올라가는데, 그녀에겐 도무지 차례가 오지 않았다.

"눈물밥이다 생각하고, 다 나 강해지라는 뜻으로 생각하고 오로지 공부만 했지. 다 내 탓이다, 내가 멀쩡하고 미스코리아처럼 예뻤다면 그러지 않겠지, 다 내가 부족하니까 저리 하겠지······." 그녀는 가슴은 활짝 열어두고, 그러나 귀는 꼭꼭 닫고 노래만 했다.

동생 바라지에 남 돕기 좋아하는 박공숙의 성품을 보고 동네 사람들과 부모들을 통해 선이 들어왔다. 모두 열아홉 번이었다. "그럴 때면 일부러 귀신처럼 화장하고 검은 드레스에 긴 생머리를 하고 나갔더랬다. 결혼하면 틀림없이 저 집에서 나를 이용할 거다, 나는 그저 식모고 그러다 결국 소박맞을 거고······."

그렇게 생각해서 절대로 결혼하지 않겠다고 다짐했다고 했다.

키 작은 소나무, 보득솔이 새하얀 성장을 하고서 훨훨 날았다.

그러나 딸 낫게 하기 위해 애쓴 엄마 아버지가 늘 벽돌처럼 가슴에 걸렸다. 기껏 장애인 딸 시집보냈더니 소박맞고 돌아오면 그보다 더한 불효는 없다고 생각했다. 그래서 "나 수녀가 되겠어요" 했다가 "우리가 죽으면 수녀 해라"는 불 같은 역정에 입을 다물었다. 그러다 스무 번째 선에서 지금의 남편을 만났다. 1987년, 서른아홉 살 때였다.

"남편이 지체장애 3급이다. 그때까지 선을 본 사람들 중에 조건이 최악이었다. 가난에 무학에 장애에……. 그런데 아, 이 사람이면 내가 도와줄 수 있겠다, 그래서 어엿한 가장으로 만들 수 있겠다 싶었다. 그래서 부모님께 졸랐다. 결혼하겠다고."

이러저러한 반대를 뚫고 두 사람은 결혼을 하고 파주로 이사했다. 낮에는 식당을, 밤에는 공예와 민요를 가르치며 악착같이 돈을 벌었다. 그 사이에 남편은 술도 끊고 담배도 끊고 '가장'이 되었다. 이듬해에 박공숙은 유산流産을 했다. 슬펐지만, 한편으로는 놀랐다. "나도 여자구실을 할 수 있구나. 내가 아이를 가질 수 있구나!" 한 달 뒤, 또다시 임신을 했고 1988년에 외동딸 혜림이가 태어났다.

"기저귀 갈면서 애한테 장애가 없다는 걸 확인하고 울었다. 하기야 남편이나 나나 다 후천 장애인데, 그래도 그것이 맘에 걸렸다." 아빠나 엄마처럼 외롭게 살지 말고 숲 속 나무들처럼 친구 많이 사귀고 살라고 이름을 '혜림惠林'이라고 지어줬다. 이름을 많이 불러줘야 오래 산다고도 해서 한지공예방 이름도 '혜림공예방'이라고 지었다. 혜림이는 장애인 부모가 싫다는 내색 한 번 없이 초등학교부터 고등학교까지 내내 공부와 가야금과 소리에 1등을 하더니 지금은 한 명문 대학교 법대에 들어가 사법시험을 공부하고 있다. "결혼도 성공했고, 딸 키운 것도 대성공"이라고 박공숙은 자평한다.

경기민요 전수자가 되다

늘 가난했지만, 민요는 그녀의 삶이었다. 혜림이가 성장한 후, 혼자서 공부했던 민요를 다시 배웠다. 이은주 선생에게 찾아갔다. 2000년이었다. 스승은 제자를 다시 맞아줬다. 파주에서 서울 종로까지 한 주도 빠지지 않고, 버스와 지하철을 갈아타고 왕복 네 시간을 다녔다. 2004년, 박공숙에게 '중요무형문화재 제57호 경기민요 전수증'이 수여됐다. 얼마나 기뻤겠는가. 척추가 부러지기 전부터 엄마가 들려줬던 민요가 나이 쉰여섯이 되어서야 오롯이 그녀의

것이 된 것이다.

"사실은, 내 몸이 이러니까 딸한테 은근히 바란 것이 있었다. 아이가 중학교 3학년 때 예술의전당에서 함께 공연을 했는데 관객들 반응이 정말 좋았다. 그래서 아이한테 권했다. '혜림아, 인기 좋더라. 우리 같이 국악 공부하자.' 그러나 아이는 거절했다. 평범하게 공부하고 싶다고. 그때 정신이 확 들었다. 내가 아이를 이용하려 했구나. 내 장애를 내가 이용하려 했구나……."

박공숙은 이후 더 노래에 매진했다. 공연단 일원으로 프랑스, 인도네시아, 중국, 사할린으로 공연을 가서 공예를 가르치고 민요를 들려줬다. 그리고 '경기민요 보존회' 파주지부 겸 국악 학원을 열어 지금까지 제자들을 가르치고 있다. 제자 가운데 한 사람이 그런 그녀에게 '보득솔'이라고 따로 이름을 붙여줬다. 보득솔은 '잔가지 많이 난 키 작은 소나무'라는 뜻이다. 중심 가지가 스승 박공숙이고, 제자들과 관객들은 그 잔가지라고 했다. 양로원을 돌며 노인들을 위해 공연을 펼치는 그녀를 보고, 공무원들은 '작은 거인'이라는 상투적이되 적확한 별명을 붙여주기도 했다.

그냥 봐서는 그녀가 환갑을 넘긴 나이인 줄 절대 모른다. 필자도 마찬가지였다. 그런데 환갑을 넘긴 여자가 꿈을 말한다. "꿈을 꾸면, 반드시 이루어진다고 생각한다. 안 이루어지면 그건 노력을 하지 않은 거고. 노래도 이만큼 왔고, 가정도 만들었고, 비록 가난하지만 언제나 꿈꾼 만큼 노력했다. 앞으로의 꿈? 하나가 있다. 누군가가 후원해 줘서 회전무대가 있는 야외 공연장 하나 만드는 게 소원이다. 바깥에서는 한지공예 하고, 안에서는 제자들이랑 공연하고. 왜 회전무대냐고? 소리하면서 춤 출 때, 내 등을 관객들에게 꼭 보여주고 싶다. 편견을 가진 사람들에게는 양심의 가책을 주고 싶고, 아닌 사람들에게는 나 같은 여자도 이런 거 할 수 있다는 걸 꼭 보여주고 싶다."

박공숙은 율곡 이이 선생이 잠든 자운서원 앞뜰에서 매주 관람객들에게 소리를 가르친다. 서원에서 그녀를 촬영하는데 척추 부러진 환갑 넘은 여인 대신, 잔가지 많은 키 작은 소나무 보득솔이 새하얀 한복으로 성장(盛裝)을 하고서 훨훨 나는 것이었다. 멀리 돌아온 고된 인생이었다.

안개 속을 거닐면 촉촉한 풀과 꽃들이 밟혔다. 공기는 맑고 서늘했다.
어릴 적 팔 하나 잃고 말았지만, 개의치 않았다.
이나경의 인생은 안개 낀 목장길처럼 늘 맑고 아름다웠다.

왼팔 하나로 이룬 한복 미학 이나경

이나경

설날을 사흘 앞둔 1967년 2월 6일 월요일이었다. 중학교 입학을 한 달 앞둔 계집아이 이나경은 저녁을 후딱 해치우고 방앗간으로 달려 갔다. 직접 인절미를 찍어먹겠다는 일념으로 한 손은 떡살을, 다른 한 손은 일하는 언니의 손을 꽉 붙들었다. 기계 돌아가는 걸 바라보며 다가서는 순간, 어린 이나경의 오른쪽 소매가 쇠바퀴와 벨트 사이로 빨려 들어갔다. 천정을 바라보고 누워 있는데, 갑자기 시간이 멈춘 듯 느껴졌다. 사람들이 웅웅대는 소리가 들렸는데 무슨 말인지 도저히 알아들을 수가 없었다.

사람들이 피투성이가 된 계집아이를 들쳐 업고서 가까운 병원으로 달려갔다. 병원 의사는 아이의 팔을 어깨 아래로 잘라낸 뒤, 소리 내어 울었다. 자기 딸이었다. 의사는 사람들이 가져온 떡살을 보더니 더 크게 울었다. 수술 잘해줘서 고맙다고 어느 환자 가족이 준 선물을 딸이 가지고 갔다가 팔을 잃은 것이다.

이후 10년이 넘도록 이나경의 집에서는 아무도 떡 먹고 싶다는 말을 꺼내지 못했다. 43년 세월이 흐른 지금, 팔 하나 없는 마산 아이 이나경[57]은 장안에서 둘째 가라면 서러워할 한복 명장이 되었다. 왼팔 하나로 말이다.

나는 이제 화가가 된다

이나경을 만난 곳은 서울시 종로구 재동 헌법재판소 옆 골목에 숨어 있는 작업실 '아라가야'였다. 지금은 북촌 한옥마을로 자리를 옮겼다. 아라가야는 고대 여섯 가야왕국 가운데 그녀가 살았던 마산 지역에 근거를 둔 왕국의 이름이다. 탤런트 고두심, 소설가 박완서, 이경자, 가야금 연주가 문재숙 등 대한민국 문화예술인들이 단골로 찾는 고급 한복집이기도 하다.

이나경은 자기가 만든 옷을 입고 있었다. 회색빛 저고리에 검은색 치마다. 오른쪽 소매 끝은 치마에 달아놓은 주머니 속에 들어가 있다. 그녀가 싱긋 웃으며 "내가 만든 옷에는 꼭 있는 주머니"라는 말을 하고서야 이 장인에게 장애가 있다는 사실을 떠올렸다. 사춘기 때 팔을 잃은 소녀의 50년 세월이 담담하게 흘러나왔다.

이나경은 그림 잘 그렸던 아버지, 고미술품 모으는 게 취미였던 엄마를 흉내 내며 자랐다. 엄마는 도자기며 반닫이며 자기 수집품을 막무가내로 들었다 놨다 하는 딸을 그냥 내버려뒀다. 할머니한테

나경은 원래부터 팔이 하나였던 것처럼 학교와 집, 바다를 헤집고 다니며 그림을 그렸다.

싱가미싱이 한 대 있었는데, 나경은 옆에 붙어서 함께 재봉질을 하기도 했다. 외과의사인 아버지의 수술 도구로 가죽 소파를 꿰매기도 했다. 초등학교 1학년 때는 밤바다를 그리고 싶어서 한밤중에 파도치는 바다로 달려가기도 했다. 그 소소한 경험들이 고스란히 그녀 인생 속에 녹아들었다.

상처가 아물고, 남들보다 한 달 늦게 중학교에 입학했다. 아버지와 엄마는 딸을 완전히 방목해 길렀다. 다쳤다고 봐주는 것 없이 눈물 쏙 나게 혼도 냈다. 공부 잘하라는 말도 없었다. "내가 원래 긍정적이어서 몸은 힘들었지만, 마음은 별로 개의치 않고 살았다."

어느 날, 미술부 선배 언니가 불쑥 와서는 이랬다. "나경아, 내일 사생대회가 있는데, 거기 같이 나가자." 그렇게 방과 후 미술반에서 그림 한 장 연습하고 다음날 나간 대회에서 대상을 먹은 것이다. 이나경은 "내가 안돼 보이니까 심사위원들이 격려 차원에서 준 상"이라고 했다. 그녀는 그 일로 미래를 결정했다. '나는 이제 화가가 된다.'

그림과 예술 앞에 두근거리다

잘한다고 칭찬받곤 했던 공부를 놓고 붓을 잡았다. 왼손으로 글씨 쓰는 법을 다시 익혔고, 동시에 왼손으로 스케치를 하고 물감을 짜고 붓을 놀렸다. "그게 그다지 어렵지 않더라"고 했다. "장애에 대한 의식보다는 사물에 대한 호기심이 더 컸다. 그래서 내 장애에 대해 거의 의식하지 못하고 살았다."

이나경의 그림에 꽂힌 호기심은 갈수록 깊게 박혔다. 수업시간이면 창밖을 보는 일이 잦아졌다. "마산 공기에는 예술이 있다. 교실 창밖으로 푸른 바다가 보였다. 빨간 세무서 건물, 그 옆에 새하얀 시청 건물이 보였다. 그 앞에는 해송海松이 서 있었고. 봄이 되면 배꽃과 무꽃이 노랗게 넘실거렸다. 그 풍경이 너무너무 예뻐서 얼른 나가 그림을 그리고 싶었다."

그렇게 한눈 파는 나경을 본 담임선생은 뭇매를 가하고는 상

담실로 끌고 갔다. 그러고는 둘이서 손을 잡고 엉엉 울었다고 한다. "선생님은 그때 별 탈 없이 공부를 잘하던 아이가 옆길로 어긋났다고 생각하신 것이다. 나도 한참 울었다."

애정 어린 걱정도 소용없었다. 나경은 마치 원래부터 팔이 하나였던 것처럼 학교와 집, 바다를 헤집고 다니며 그림을 그렸다. 두 팔이 필요한 작업이 나오면 무릎을 썼다. 지금도 이나경의 무릎에는 남과 다른 굳은살이 박여 있다. "힘이 들고 아팠지만 거의 의식하지 못했다. 불편했지만 작심하고 하니까 일이 되더라. 오히려 사회에 나와 사람들과 부딪치다 보니, 그런 의식을 못한다는 것 자체가 문제가 되곤 했다."

다 커서 사고를 당했다면 그렇게 긍정적인 삶의 소유자가 되기 어려웠을 것이다. 장애를 상처로 품고 살기에 그 당시 나경은 너무 어렸다. 차라리 다행이었다. 그때 별명은 '하고집이'. 하고 싶은

건 반드시 하고마는 징그러운 애라며 고모가 붙여준 이름이다.

가족들은 '하고집이'를 미대에 보내기로 결정했다. 이나경은 고등학교 3학년 2학기에 개인 레슨을 받기 위해 서울로 올라왔다. 서울대학교에 원서를 내러 갔던 가족과 레슨 선생이 그냥 돌아왔다. "너, 팔이 없어서 수학 능력이 없대. 그래서 원서 안 받겠대."

사고 후 처음으로 이나경은 "제대로 한 번 열받았다"고 했다. 이화여자대학교에서 그녀를 받아줬다. 안면화상을 입은 학생 하나, 그리고 척추가 부러져 휠체어를 타는 학생 하나가 함께 합격했다. 1973년이었다. 이나경은 서양화과에 들어갔지만 주류인 유화는 물론 판화에 염색까지 건드리며 예술을 배웠다. 방학이면 홀트아동복지회에 가서 고아들에게 미술을 가르쳤다. '외팔이 괴짜가 있다'는 소문이 캠퍼스에 좍 퍼졌다.

대학원에 다니던 1978년, 신촌역 공동화장실 앞에서 극작가 겸 연출가 오태석과 마주쳤다. 당시 그는 이화여자대학교에서 연극반을 지도하고 있었다. 그가 대뜸 말했다. "너, 이나경이지? 나 따라와. 이번에 옷 해." 세종문화회관 개관 기념 공연에 쓸 의상을 만들라는 것이었다. 공연작은 단종애사를 다룬 '태胎'.

그녀는 고민 끝에 종이로 의상 100벌을 만들었다. 한지에 빳빳한 천을 배접해 붙여 옷을 만드니, 배우는 큰 동작으로 움직여야 했고 움직일 때마다 효과음이 만점이었다. 어린 나이에 장안의 화제가 된 그녀에게 무대 의상 의뢰가 쏟아졌다. 한동안 신나게 일했는데 "어느 날, 이러다 그림 못 그리겠다고 겁이 나더라"고 했다. 그래서 10년 정도 실과 바늘을 내려놓고 그림만 그렸다.

옷은 캔버스다

그녀의 그림을 보면, 그 섬뜩함에 겁부터 난다. 움츠리든 몸을 배경에 숨기는 희끄무레한 나신裸身, 흘러내리는 핏빛 액체……. 본인도 "곡哭 소리가 느껴지는 그림들"이라고 표현했다. 그런데 이따금 앞에 보이는 바늘과 가위를 쥐면 기분이 좋아지곤 했다. "그러다 퍼뜩 깨달았다. 유화의 두터운 질감보다 바다를 닮은 투명하고 맑은 빛이 내가 원하는 것이었음을. 옷이라는 게 결국은 캔버스 아닌가. 벽에 걸면 그림이고. 무대의상은 움직이는 설치미술이다. 물을 들여 조형을 만드는."

이제부터 힘들기로는 그림과 비교가 되지 않는 날이 시작됐다. 잠시 붓을 놓고 고서를 헤집으며 전통미학을 연구했다. 그리고 고구려부터 조선을 관통하는 '핵심 옷선'을 찾아갔다. 책을 정리하고 나면 이제는 옷 지을 옷감을 구할 차례였다.

유병훈, 정관채, 한광석 같은 당대 최고의 염색 장인들을 찾아갔다. 택시를 탔다가 "물 잘 들이는 할머니 안다"는 기사 말에 바로 방향을 돌려 만나러 가기도 했다. 그렇게 책을 모으고, 장인들한

"남 보기에는 어설퍼도 옷은 잘 만든다."

테 직접 배우며 염색을 익혀갔다.

  1990년대 초, 구파발을 지나 경기도 고양 삼송리에 1,200평 짜리 밭을 사서 씨를 뿌렸다. 쪽과 맨드라미, 홍화, 치자, 오미자. 봄에 씨를 심고 여름에 베고 잿물에 담아 염료 재료를 짜고, 고열로 구워낸 조갯가루에 섞어 발효를 시켜야 완성된 염료가 된다. 〈농가월령가〉를 고스란히 따라해야 얻을 수 있는지라 부지런한 농부의 삶이 필수조건이다. 그걸 팔 없는 여인이 겁도 없이 해냈다. 오로지 바다를 닮은 쪽빛과 태양처럼 붉은 수박색과 맑은 옥색이 욕심나서다. 잠은 아예 밤을 새거나 한두 시간 잤다고 했다. 나라에서는 2000년에 그녀에게 천연염색기술 기술혁신가로 인정한 국무총리상을 줬다.

  염색을 익혔으니 이제 옷을 만들 차례였다. 역시나 말이 되지 않는 도전이었다. 한 손으로 바느질을 해본 적이 있다면 알 것이다. 왼손으로 오른손잡이용 가위를 써본 적이 있다면 더더군다나. 이나경은 오른발에 바늘을 끼우고 왼손으로 실을 꿰어, 왼손으로 가위질한 천을 오른쪽 무릎으로 고정시키고 바늘땀을 땄다. "손은 수많은 도구 중 하나다. 입술도 무릎도 발가락도 훌륭한 도구지. 보는 사람에겐 어설프고 불안하지만, 어찌됐건 나는 옷본을 재단하고 바느질을 해서 옷을 만들 수 있다." 지금은 무릎 대신에 서예가들이 화선지 고정할 때 쓰는 무거운 문진을 쓴다.

  세상은 한복장이 이나경에 열광했다. "곡소리 나는 그림만 그리던 나경이가 이렇게 맑고 고운 옷을 만들다니!" 또다시 무대의상 의뢰가 쏟아졌다. 지금까지 그녀가 만든 무대 작품은 100여 편. 이 가운데에는 〈2005년 부산 APEC 기념 공연―태평양 건너기〉의 상도 있다.

아라가야, 한복 왕국을 세우다

이나경은 내친 김에 1995년 서울 인사동에 '아라가야'라는 한복집을 열었다. 그때 그녀를 찾아온 사람들이 고두심, 박완서, 이경자 등등이었다. 이나경은 손님들에게 "100년 후에 박물관에 전시될 옷이니 귀하게 입으시라"고 신신당부하며 옷을 건넸다. 당시 '한복 입는 날'을 시행하던 문화체육부는 아라가야와 이나경을 전면에 내세우고 전통미를 홍보했다.

세월이 다시 흘러 2010년이 되었다. 그 사이에 이나경은 명사가 되었다. 사지 멀쩡한 사람도 하기 어려운 일을 그녀는 해냈다. 비장애인이 누리는 일상적인 삶을 뛰어넘어 대성공을 거둔 장인이 되었다. 모교인 이화여자대학교와 창원대학교에 강의도 나가니 뒤를 이을 제자들도 생겨나고 있다. 2009년 2월 이나경은 보스니아-헤르체고비나의 수도 사라예보에서 열리는 '2009 환경아트페어'에 참가하기 위해 떠났다. 예술 작가가 아니라 천연원단으로 신비한 의상을 입히는 복식 디자이너 자격이었다. 조직위원장에게 미색 물을 들인

도포를 입히고, 만다라를 본뜬 대형 조각보를 선보였다. 그리고 세계 작가들 앞에서 한국 전통 염색 기법 강연도 했다.

팔 하나 빼고는 모든 걸 가진 여자가 눈앞에서 웃는다. 천장을 제외한 사방에 옷감과 한복과 갓 물들인 천이 가득하다. 명예도 얻었고, 돈까지 벌었으니 원이 없겠다고 했더니 대답이 이랬다. "내가 좋아서 하는 거지, 사실 돈은 못 벌었다. 한 벌 만들어 100만 원에 팔면 뭐하나, 재료비랑 작업실 식구들 공임이 더 나가는데."

'구름 타고 장풍 날리는 도사라도 먹어야 산다'는 뜻이었으니, 지금껏 만난 고집쟁이 장인들의 한결같은 넋두리였다.

"멀리 에둘러온 세월이지만, 한 번도 잊어본 적이 없다. 내 인생은 시詩이고,
나 박미산은 시인詩人이 될 거다."
가난 혹은 절망을 조각조각 잘라 하늘로 던지고서 박미산은 시인이 되었다.

쉰넷에 등단한 시인 박 미산

박미산

시인의 이름은 박미산이다. 한자로 '渼山'. 물결무늬 '미'에 뫼 '산'이다. 스승이 지어준 이 이름에 "여자 이름으로 山은 너무 세다."고 항의하자, 스승은 "물에 비친 산 그림자라는 뜻이니, 그대로 쓰라"고 했다. 2008년 나이 쉰넷에 《세계일보》 신춘문예로 등단하기까지 50년이 넘도록 박미산은 그림자로 살았다. 50년 동안 따라다닌 본명 명옥明玉은 이제 쓰지 않기로 했다. 그 이름에는 한이 너무 많았다. 박미산은 시인이다.

인천 도화동에 살던 어린 시절, 아버지는 정치판을 맴돌았다. 엄마가 여덟 남매 먹여 살리려니 뜨개질이며 남의 밭이나 가꿔주면서 살았다. 다섯째 딸 명옥에게 공부는 사치였다. 그래서 그녀는 자연스레 '나는 대학교는 못 가겠구나'라고 생각했다. 초등학교 시절, 역시 초등학생이었던 두 살 터울의 작은오빠는 "넌 공부를 잘하니까, 내 몫까지 열심히 공부해라"며 구두닦이가 되었다. 명문 중학교도 충분히

갈 수 있었던 오빠였다. "손잡고 학교 앞까지 가서 나는 등교하고, 오빠는 구두통을 메고 헤어지던 서러운 아침들"을 떠올리며 그녀가 운다. 눈물을 안 들키려고 흰자위가 시뻘겋게 되도록 몰래 운다.

피고 지는 것이 지겨워

그 덕분에 중학교도 가고, 인천의 명문, 인일여자고등학교에 입학했다. 명옥은 공부를 잘했다. 밤이면 중학생들 가르쳐 번 돈으로 손아래 두 남동생과 여동생을 먹여 살렸다. 곧잘 쓴 글이 백일장에 뽑힌 적도 많았다. 무작정 국어가 좋았고 문학이 좋았다. 문학책을 읽으며 '왜 나는 문학 속 이야기처럼 못 살지? 왜 우리 집은 이렇지?' 하고 잠깐씩 생각했다. 대학은 일찌감치 잊었다. "우리 오빠들이 동생들한테 그러했듯, 나 또한 동생들을 위해 살기로 했다." 그녀의 시처럼 "피어나면 지는 것"이기에 스스로 피어나기를 멈춘 것이다.

1973년 졸업과 동시에 직장에 들어갔다. 주산도 부기도 전혀 몰랐다. 회사 다니면서 부기학원을 다녔다. 가끔씩 경인선 열차 속에서 마주친 대학 간 고교 동창들이 미팅이며 스터디 이야기를 하면 금세 주눅이 들곤 했다. 그래서 더 악착같이 일했다. 가끔씩 울컥, '내 인생 이렇게 살다 끝나면 어떡하지?' 하고 겁이 났지만 오래 고민하기에 세상은 모질었고 금방 포기하기는 쉬웠다. 오로지 자기가 번 돈으로 온 가족이 먹고사는 그 맛으로 살았다. "너무 불행하면 창작은 되지 않더라"고 했다. 그래서 박명옥은 피지도, 지지도 않았다.

그러다 착한 남자를 만나 결혼했다. 있지 않은가, 시집으로 현실 탈출 감행. 1977년 6월이었다. 부잣집에 시집가서 마당 깊은 서울 성북동 대저택에 살았다. 딸 둘을 낳고 밥하고 설거지하고, 남편이 주는 월급봉투를 따박따박 모으는 재미로 살았다. 딱 넉 달, 그렇게 살았다.

남편은 곧 사업을 시작했다. "크게 세 번, 작게는 셀 수 없이" 망했다. 그래도 시댁이 워낙 부자였기에 10년은 갔다. 집은 조금씩 줄어들었고, 1986년부터 시작해서 2년 동안 카페를 운영하며 남편 빚을 갚았다. 그래도 모자라서, 1995년 마침내 집을 팔고 아랫동네 작은 빌라로 내려왔다. 두 딸이 이유를 물었다. "응, 아빠 사업이 잘

안 돼서 그래. 반드시 다시 올라갈 거야." 인천 도화동 시절 붉은 차압표가 분분하게 떨어지던 기억이 다시 또렷하게 떠올랐다.

그 사이, 너그러운 시아버지는 하늘나라로 떠났고 한없이 착하고 지성적이던 시어머니는 치매를 앓게 되었다. 어느 날, 안쓰럽게 바라보던 남편이 그녀에게 카메라를 선물했다. 박명옥은 공짜로 사진을 가르쳐주는 '후지포토살롱'에 등록해 사진을 배웠다. 그나마 위안이 됐다.

자기 안에 갇혀 있던 그녀

큰딸이 고3이던 1996년에 문득 이런 생각이 들었다. '이대로 쓰러지면 나는 없다.' 피어나기를 거부했던 어렸을 적 기억이 떠올랐다. 어찌 생각하면 억울하기 짝이 없는 여고생 시절이 아닌가. 박미산은 "언제나 학력 콤플렉스가 가슴 가운데 쐐기처럼 박혀 있었다"고 했다. 집안일에, 아이들 수발에, 시어머니 병수발로 살아온 세월……. 까맣게 잊고 있던 공부가 문득 떠올랐고, 문학이 떠올랐다. 큰딸과 함께 다시 공부를 시작했다. 박미산이 말했다. "그것은 한풀이었다"고.

1997년, 한국방송통신대학교에 입학했다. 당연히 국문과였다. 당시 골동품 관련 사업을 하던 남편이 적극적으로 밀어줬다. 집안일을 끝내면 집 앞에 있는 시립도서관으로 갔다. 하루 이용료 100원. '졸업이나 하지' 생각했는데 졸업 무렵에 더 욕심이 나더라고 했다.

" 까맣게 잊고 있던 공부가 떠오르고 문학이 떠올라
공부를 다시 시작한 건, 한풀이였다. "

'그래, 이제 글을 쓰자.'

졸업식을 남겨둔 2000년 겨울, 친한 여자 셋이 모여 한 달 동안 인도를 여행했다.

갠지스가 흐르는 바라나시. '세상에서 가장 오래된 도시'라 불린다. 거기에서 박명옥은 시詩를 보았다. "활활 타는 시체 옆에서 목욕재계를 하고, 그 옆에서는 명상을 하고 옆에서는 구걸을 했다. 돈 없어서 장작이 모자란 시체는 타다 말고 강물에 버려졌다. 아, 이게 바로 시구나! 순간, 정말 시를 쓰고 싶었다. 내가 다시 살아나는 것 같았다."

시체가 타오르는 바라나시의 새벽 강변이 그녀를 부활시켰다. 2002년, 박명옥은 고려대학교 국문과 대학원에 합격했다. 48세. 학생은 물론, 웬만한 교수들보다 나이가 많았다. 그래서 학생들도 교수들도 그녀를 '선생'이라고 불렀다.

입학 첫날, 대학원 지도교수인 최동호 선생이 학생들에게 자작시 10편씩을 제출하도록 지시했다. 박명옥이 말했다. "저는 시를 써본 적이 없어요." 그래서 수필을 제출했더니 자질이 보인다며 그녀를 지도학생으로 받아들이고는 세 번을 거듭 물었다. "열심히 할 것인가?" 박명옥은 세 번을 똑같이 대답했다. "이 나이에 공부하러 온 사람이어요. 끝까지 하겠습니다." 박명옥의 새로운 인생은 그리 시작되었다.

먹어도 먹어도 배고픈 그녀

　　　　컴퓨터 키보드 두드릴 줄도 몰랐고, 딱딱한 책을 손에서 놓은 지는 벌써 30년이 지났다. 그래서 같은 해 다른 대학원에 들어간 큰딸에게서 보고서 검사를 받아 서론, 본론, 결론짓는 법을 배웠다. 그 사이, 박명옥의 눈에서는 실핏줄이 터져나갔다. 그건 차라리 나았다. 매주 수요일마다 열리는 '시 합평회合評會'는 혹독하기 이를 데 없었다. 시 합평회는 자기 시 한 편씩을 낭독하고 박 터지게 비판받는 자리다. "그 시간에는 죽고 싶었다. 남들 앞에서 저절로 눈물이 나도록 깨지는데, 정말 죽고 싶었다."

　　　　이듬해에 시어머니 병세가 악화됐다. 박명옥은 100원짜리 도서관도 갈 수 없을 정도로 병수발에 매달렸고, 논문은 결국 제때에 쓰지 못했다. 최동호 교수가 그녀를 불렀다. "열심히 한다고 해서 붙여줬더니 이게 뭔가. 여기서 멈추면 모든 게 끝나는 거다. 무조건 학위를 받아라." 집에 가서 남편에게 말했다. "반드시 다시 모실 테니 6개월만 형님 댁에서 어머니를 모시게 해줘요." 그리고 이듬해에 박명옥은 석사 학위를 받았다. 주제는 '월북 시인 백석의 동화시 연구'. 가난한 도화동 계집아이가, 태어나서 50년 만에 석사가 된 것이다. 졸업식 날, 작은오빠가 동생을 찾아와 축하를 했다.

기분이 어땠느냐는 질문에 대답 대신 박명옥의 흰자위가 다시 붉어진다. 그리고 박명옥은 제대로 한을 풀기 위해 대학원 박사 과정에 도전해 당당히 합격했다. 키보드 두드리는 법도 알게 되었고 논문 쓰는 법도 알게 됐지만, 이번에는 발표할 때면 몸이 떨리고 얼굴이 붉어지고 머릿속이 하얗게 됐다. 뒤늦게 갱년기가 찾아온 것이다.

2006년 어느 합평회 날 발표한 시에 대해 아무도 박 터지게 비난을 하지 않았다. 시 공부 4년 만의 일이었다. 박명옥은 《유심》이라는 문예지에 시를 보냈고, 첫 등단의 꿈을 이뤘다.

제목은 '늙은 호수'. 풍성했던 여름은 사라지고 낙엽만 쌓인 작은 웅덩이 이야기다. 소식을 들은 지도교수가 불같이 화를 냈다. "일간지 신춘문예에 등단하기로 했으면 끝까지 가야지, 왜 딴 길로!" 눈물을 뚝뚝 흘리며 박명옥이 대답했다. "재등단하겠어요, 선생님."

늦게 피는 꽃

2년이 지난 2008년, 마침내 《세계일보》 신춘문예에 〈너와집〉이라는 시로 당선됐다. 쉰넷 먹은 나이가 걸림돌이 될까봐 열아홉 살짜리 둘째 딸 이름으로 접수한 시였다. 오십 년을 에둘러 도착한 세월. 이제 "특별한 사람만 쓰는 건 줄 알았던 시"를 마음껏 쓰고 싶다. 첫 시집도 냈다. 제목은 《루낭淚囊·눈물 주머니의 지도》.

가난한 여인 박명옥, 아니 시인 박미산은 모교인 방송통신대학교와 안양대학교에서 강의하며 눈물의 세월을 들려주고 있다. 한국방송통신대학교에서는 학교를 빛낸 대표적인 일곱 인물에 박미산을 선정했다. 박미산은 시인이다.

* 소제목들은 박미산의 시제詩題에서 따온 것이다.

역사와 전통을 만드는 사람들

권무석 ◀

이경주 ◀

전용복 ◀

장용훈 ◀

300년 동안 활을 만든 가문이다.
권무석은 그 무겁디무거운 가업을 짊어졌다. 활을 만든다.
삼국시대부터 21세기까지 천 년째 쌀 세 가마 값으로 가격 동결된 우리의 전통을 만든다.

12대째 활 만드는 권무석

권 무 석

권계황權繼黃은 조선조 숙종1674~1720 때 사람이다. 이유는 알 수 없지만, 한양에 살던 권계황은 일찌감치 경상도 예천으로 내려가 활을 만들기 시작했다. 소뿔을 다듬어 만드는 각궁角弓. 권계황은 그 활을 예천 관아에 납품하는 궁장弓匠이었다.

그가 죽자 이번에는 아들이 활을 만들었다. 그 아들이 죽자 손자가 활을 만들었다. 그 손자가 죽자 또 그 후손이 활을 만들었다. 자, 그리하여 권계황의 아들의 아들의 아들의 아들의 아들의 아들의 아들의 아들의 아들의 아들, 안동 권씨 충일공파 12대 권무석[67]이 지금 활을 만들게 됐다. 모든 게 광속光速으로 바뀌고 있는 이 시대에, 300년 동안 가업을 잇고 있는 무시무시한 고집쟁이 집안 이야기.

1980년 추석, 고향 예천을 찾았던 권무석에게 17년 터울의 큰형권영호·작고이 말했다. 이제 "우리 집 대代가 끊겼다." 남자는 으레 아버지를 따라 궁장의 길을 가는 게 권씨 집안 300년 전통이었다. 그런데 두 아들이 활 만들기를 포기하고 교사가 되었다는 것이다. 열두 살 때부터 아버지에게서 활 만들기를 배웠지만, 형이 대를 이으면서부터는 활을 등지고 대신 버스 기사로 일하고 있었다.

12대, 가난한 가업을 이어야 할 것인가

그가 말했다. "정말 쩌릿하게 충격을 받았다. 권씨 가문에서 활이 없어진다……." 며칠을 고민했다. 가난한 가업을 이을 것인가, 아니면 그저 평범하게 아내와 아이들이랑 알콩달콩 살 것인가. 누나도 반대했고, 아내도 반대했다. 그래도 그는 가업을 택했다. "사람답게 살기 위해서"라고 그가 말했다.

"집이 가난해서 학교도 초등학교 4학년 때 그만뒀다. 집은 가난하지, 어디 취직하려고 해도 학벌이 없지……. 무슨 인생이, 가진 게 아무것도 없는 것이다. 가출도 여러 번 했고, 자살도 세 번 시도했다."

그때마다 어머니가 아들을 달랬다. "제발 사람답게 살아라, 제발." "이미 사람인데 왜 사람 되라 하느냐"고 반항하는 아들을 남기고, 아들이 열여덟 살 되던 해 어머니마저 하늘로 갔다. 한탄하는 형님을 보고 있는데 "제발"이라는 말이 머릿속에서 천둥소리를 내더라고 했다. "아버지 어머니가 나를 두고 편히 돌아가셨을까. 바꿔서 생각하니까 가슴이 먹먹했다." 노老 장인이 40대 기자 앞에서 눈물을 보었다.

　　　37세 버스 기사 권무석은 그렇게 가업을 잇게 되었다. 형님을 스승으로 모시고 기초부터 활을 다시 배웠다. 1986년 서울시 무형문화재 궁장 기능보유자인 장진섭^{작고}으로부터 또 배웠다. 장진섭 또한 할아버지가 고종황제의 활을 만든, 궁장 집안 사람이다. 그런데 두 아들이 가난을 버리고 다른 직업을 택했으니, 그는 유일하게 남은 전수자 권무석에게 모든 것을 가르쳤다. 쏴봐야 만들 수 있다는 신조로 궁술도 배웠다.

　　　전통활쏘기 기능보유자 장석후^{작고}에게서는 전통 사법^{射法}을 배웠다. 그래서 서울 인왕산에 있는 활터 황학정에서 활을 가르쳤고, 1988년과 1992년 경찰대학과 육군사관학교에 궁도 강좌를 개설하고 학생들을 가르쳤다. 육사에 제출한 이력서 '학력'란에는 '독학^{獨學}'이라고 적었다. 내력을 알고서 인사 담당자는 그에게 존경한다고 말했다. 권무석은 그때 '내가 잘 살았구나'라고 생각했다고 한다.

　　　그가 만드는 활은 각궁인데 소뿔로 만든다. 소뿔 중에도 탄력이 좋은 중국산 물소뿔이다. 길이 1미터 20센티미터 정도 되는 대나무에 소뿔을 잘라 붙이고, 소 힘줄을 덧대고 뽕나무, 참나무, 벚나무 껍질 따위의 재료들을 붙이고 나면 활이 C자처럼 안쪽으로 휘어진다. 둥그렇게 휜 그 활을 반대쪽으로 휘어 활줄을 걸면 활이 완성된다. 그 만드는 방식은 천 년째 변함이 없다. 각각 재료를 붙이고 말리는 데 꼬박 석 달, 재료 준비와 가공에는 일 년이 꼬박 걸리니, 일 년에 50개 만들면 많이 만드는 사실도 변함이 없다.

삼국시대부터 지금까지 변함없는 활 가격, 쌀 세 가마

실학자 이수광은 《지봉유설》에서 "최고의 무기는 조선의 활과 중국의 창, 일본의 조총"이라고 했다. 각국 최고이지만, 조총이 멀어야 50미터 나가는 반면 조선 각궁은 400미터 앞 물체까지 꿰뚫는다. 월남전 때 박정희 대통령이 미군 M16 소총을 들여와 한국형 소총 개발에 나섰듯, 청나라에서는 언제나 공물로 각궁을 가져가 궁리를 했지만 결국 나라가 망할 때까지 만들지 못했다고 한다. 천 년째 변함없는 것은 또 있다. 활 가격이다.

"삼국시대 때부터 활 가격은 하나당 쌀 세 가마다. 조선시대에도 세 가마, 1950년대도 세 가마, 21세기에도 세 가마." 천 년 전 쌀 세 가마와 지금의 쌀 세 가마. 단위는 동일하되 그 가치는 하늘과 땅 차이다. "내 조카들이 그래서 활을 버렸어. 우리 집사람이 반대한 이유도 그거고. 이제는 활 하나 팔면 친구랑 술 쎄게 한 번 먹으면 남는 게 없어."

한때 전국에 60명 넘게 있던 궁장이 그래서 지금은 10명도 채 되지 않는다. 돈 안 되는 장인의 길이 험난하고 드물기에, 나라에서는 그들을 무형문화재로 만들어 명예와 경제를 후원한다. 권무석

" 활이 없어지면, 그에겐 우리 역사가 사라진다.
이것이 그가 활에 미친 이유다."

도 2000년 서울시로부터 '무형문화재 23호'로 선정됐다. 매달 지원금으로 100만 원이 나온다. 그런데 권무석은 "이게 잘못됐다"고 했다. "문화라는 것이, 전수가 되어야 문화지. 전수자로 지정되면 매달 12만 원이 나온다. 다 큰 성인이 다른 일 다 때려치우고 장인 공부를 하는데, 12만 원이면 생계가 안 되지." 그런 이유로 전수자로 들어왔던 사람들도 6개월만 지나면 들고 왔던 보따리까지 집어던지고 가버린다고 한다.

그런데도 그는 활을 만든다. "일단 굶어 죽지는 않았고, 또 이걸 하니까 외국에 전시도 하고 대접도 받고, 문화도 잇고 하잖나. 절대로 후회는 없다. 한들 뭐해? 시간 되돌릴 수 있나?" 집안으로는 300년, 본인으로는 외도外道 15년을 제외하고 열두 살 때부터 지금까지 40년째다. 지독하다 못해 아예 미쳤다. "그래, 미치자. 안 미치면 이거 못 하겠다고 생각하면서 살았다."

억지로가 아니라 자연스럽게 미쳐갔다. "활 없이는 4341년의 우리 역사를 쓰지 못한다. 주몽부터 이성계까지 모두 궁사였으며, 외침 때는 활로 적을 물리치고 평화 시에는 활로 호연지기를 길러 상무심을 단련했다. 농사문화보다 먼저 시작한, 조선의 뿌리다." 권무석은 물소뿔을 사려고 중국을 스물아홉 번 들락거렸다. "한족 다음으로 많은 민족이 만주족인데, 스스로 만주족이라고 하는 사람은 딱 한 명 만났다. 다 자기가 한족이라는 거야. 왜? 그게 다 문화가 없고 전

조선 숙종 때 시작된 안동 권씨 충일공파의 활 만들기는 300년이 지난 지금까지 이어지고 있다.

승이 사라졌기 때문이지." 이것이 그가 활에 미친 이유다. 활이 없어지면, 그에겐 우리 역사가 사라진다.

예순다섯 되던 2008년에 권무석은 미국 워싱턴DC에서 장기 체류하고 왔다. 또 어딘가에 미쳐 있었던 것이다. 보따리에는 국궁 20개와 화살들, 그리고 영어로 번역한 궁술 교본이 들어 있었다. "궁술을 미국에 보급하기 위해서"라고 했다. "허허벌판으로 들어가는 심정이지만, 자신 있다"고도 했다. 예절을 가르치는 태권도가 미국에 보급됐듯, 도道를 배우는 궁도弓道도 지식인의 교양체육으로 전파되리라는 자신감이다. 권무석은 넉 달 동안 교포들은 물론 로빈 후드, 윌리엄 텔을 조상으로 모시는 영국과 스위스 궁사들에게 조선 국궁의 힘을 보여줬다. 150미터 앞 과녁의 정곡正鵠을 콱콱 명중시키는 권무석 앞에서 양궁 궁사들은 입을 다물지 못했다.

안동 권씨 충일공파 13대 궁장으로 맥을 잇다

이미 중국에는 옌볜延邊대학교에 활터를 만들었다. 그는 이제 "미국에서 세 가마 이상 돈을 벌어 아들에게 궁장 자리를 물려주겠다"고 했다. 어릴 적, 연장 하나 집어달라면 발로 차고 도망가던 작곡가 아들이 군대를 다녀와서는 활을 만들겠다고 선언했다. 안동 권씨 충일공파 13대 궁장의 탄생이다. 그가 말했다. "지금 처져버리면 영원히 못 일어난다. 죽을 때까지 도전해야지."

몇 번의 눈물과 웃음, 그리고 활을 설명하는 진지한 표정을 보여준 장인에게 활 시위를 당겨주십사, 하고 청했다. 서울의 종로구 헌법재판소 앞에 있는 서울시 무형문화재 교육전시장 대청마루였는데, 순간 장인匠人은 허공에 사라지고, 내 눈앞에 위풍당당한 장군 한 명이 나타나는 것이었다. 크게 젖힌 활을 들고 바위처럼 서 있는 그의 내공에, 카메라 셔터를 누르는 손가락이 바들바들 떨렸다.

식민 시절에도 옷을 만들었다. 피란 보따리에는 재봉틀과 분필과 자와 가위와 바늘이 들어 있었다.
거목巨木이 오래도록 푸르듯,
이경주는 할아버지의 지혜와 아버지의 고집을 물려받아 95년째 양복을 만든다.

3대를 잇는 종로 양복장이 이경주

이경주

1916년 5월 서울 종로 보신각 뒤편 은행 건물에 양복점이 문을 열었다. 이름은 '종로양복점'. 1903년 조선 최초의 양복점인 한흥양복점 이래 생겨난 많은 양복점 가운데 하나였다.
사장은 이두용. 나이 열다섯부터 일본인 양복점에서 일하다가 30대에 일본으로 유학을 다녀와 문을 연 양복점이다. 그가 태어난 1881년은 개화파 김옥균, 서광범, 유길준, 홍영식, 윤치호가 신사유람단으로 일본으로 떠났다가 양복을 입고 돌아와 대소란을 일으킨 해였다.

세월이 흘러 2010년 보신각으로부터 걸어서 15분이 채 걸리지 않는 광화문 새문안교회 옆 근우빌딩 입구에 이렇게 간판이 붙어 있다.

since 1916 **종로양복점**

이 건물 2층에 있는 종로양복점 사장 이름은 이경주[65]. 보신각 옆 종로양복점 사장 이두용의 손자다. 들으시라, 100년에서 6년 빠지는 95년째 사대문 안을 벗어나지 않고 3대에 걸쳐 고집스레 이어지는 늙은 점포 이야기.

1대 사장 이두용, 창업하다

보신각에 종로양복점을 차린 이두용은 나이 서른에 일본으로 가서 양복 기술을 배워왔다. 손자 이경주가 말했다. "모두가 바지저고리 입고 다니던 시절에 남의 나라 가서 신식 복식을 배웠으니, 할아버지는 정말 진취적인 분이셨다"라고.

일본인, 중국인 양복점과 경쟁을 하며 상권을 넓히던 종로양복점은 당시 학생복까지 만들며 큰돈을 벌었다. 함흥과 개성에 분점을 낼 정도였다. 마침내 1940년에는 보신각 곁을 떠나 피맛골에 2층

1916년 당시 종로 양복점.

건물을 짓고 이전했다. 1층은 매장과 숙직실, 2층은 공장이었다. 3대 사장 이경주는 "한창 잘될 때는 직원이 100명도 넘었다"고 했다.

1942년에 창업주 이두용이 하늘로 떠났다. "손재주 있는 해주가 뒤를 맡아라"는 유언이 남았다. 잠시 맏형이 회사를 맡고 있는 사이에 해방이 되었다. 보성전문학교를 나오고 9남매 중 만주의 일본 양복회사에서 일하던 차남 이해주가 2대 사장이 되었다.

1881~1942 1대 사장 이두용

해방과 함께, 중절모에 양복을 걸쳐 입어야 멋쟁이로 통하는 시대가 되었다. 양복점이 없어서 미처 수요를 못 따라갈 정도였다. 훗날 3대 사장이 된 경주는 해방되던 그해 1945년, 만주에서 태어났다. 그리고 5년 뒤에 전쟁이 터졌다.

2대 사장 이해주, 정성은 끝이 없어야 한다

"너무 어려서 기억은 나지 않지만, 양복 옷감과 미싱을 바리바리 짊어지고 피란길을 떠났다. 대구 옆에 있는 경산이라는 곳에 자리를 잡고 가져간 옷감과 미싱으로 전쟁 끝날 때까지 양복점을 운영했다고 한다."

전쟁이 끝났다. 조국 재건의 시대였다. 맞춤양복도 시장이 엄청 커졌다. 종로통과 소공로 일대는 양복점 거리로 변했다. 2대 이해주는 직원을 100명씩 두고 양복을 만들었다. 휴식 같은 건 엄두도 못 낼 일이었다. 이경주는 "피란길 며칠을 제외하고는 근 100년 동안 문을 닫아본 적이 없다"고 했다.

이경주가 말했다. "평소에 선친께서 늘 말씀하신 것이 정성무식精誠無息, 즉 정성은 끝이 없다는 것이었다. 내가 아무리 옳아도 손님이 틀렸다고 하면 손님이 옳은 것이니 이를 따라야 한다고 귀에 못이 박이도록 가르쳤다."

1913~1996 2대 사장 이해주.

1960년대 종로1가는 정치일번지였다. 초대 부통령 이시영, 국회의원 김두한을 비롯한 무시무시한 정치인들이 종로양복점을 드나들었다. 김두한은 종로양복점에서 맞춘 옷을 입고 다니다가 고아들을 만나면 쓱 벗어주기도 했다. 돈이 없어서 현금 대신에 시계를 계약금으로 맡긴 사람도 부지기수였다. 그래서 소년, 청년 경주는 남들은 엄두도 못 낼 시계를 바꿔가며 차고 다니는 호사를 누렸다.

아버지는 대학에서 건축을 전공한 셋째 경주를 후계자로 점

찍었다. 군대 다녀온 뒤 취직을 준비하던 경주를 아버지는 가게로 불러 일을 가르쳤다. 1960년대 후반의 일이다. 엄하게 가르치고, 엄하게 배웠다. 정성을 제1의 원칙으로 여긴 아버지, 그래서 "중국집에서 자장면을 먹다가도 갑자기 가게에 손님 왔다며 등을 두드리는 아버지 때문에 도중에 그냥 일어서야 했다"고 했다. 그가 껄껄 웃으며 덧붙인다. "나, 우리 누이동생 결혼식에도 가지 못했다. 아버지께서 누군가는 가게를 지켜야 한다고 해서. 동생한테는 지금까지도 미안하다."

정성에 버금가는 것이 기술이다. "자 대고 옷본 그리는 거야 건축 제도랑 비슷하니 문제는 아니었다. 그런데 그 비싼 옷감에 가위질을 하려니까 손이 덜덜 떨려서……." 결국 재단학원에 가서 재단을 다시 배웠다.

1960년대 말, 종로 일대에 지하철 1호선 공사가 시작되면서 양복점들은 대 위기를 맞았다. "도무지 장사가 안 되는 거다. 인도라고는 폭이 1미터도 안 되고 먼지구덩이 속으로 누가 양복을 맞추러 오겠나. 정말 힘들었다." 할 수 없이 아버지는 몸값 비싼 재단사를 해고하고 아들한테 가위를 맡겼다. 초보 아들은 벌벌 떨면서 옷감을 잘랐고 "제대로 맞는 옷이 하나도 없었다."고 했다. 그나마 있던 단골들이 더 떨어져 나갔다. 아들은 죽어라 공부했다.

3대 사장 이경주, 자부심과 존경심 가득 품다

1980년, 이경주의 표현에 따르면 2대 사장 이해주가 아들에게 "곳간 열쇠를 넘겨줬다." 정확한 계기는 모른다. 다만 아들에게 아버지는 "이제는 네가 열쇠를 맡을 때가 되었다"고 했을 뿐. 아버지 나이 67세, 아들은 35세였다.

"선친은 워낙에 무서운 분이셨다. 나는 집도 같이 살고, 20대 때부터 가게에 같이 나가 30년 동안 함께 있었다. 다 커서도 함부로 얘길 못했다. 그런데 그게 큰 득이 되었다. 내가 인내를 닦을 수 있었으니까."

아들의 말에서 아버지에 대한 그리움과 존경심이 묻어난다. "선친은 양복에 대해 굉장히 애착이 크셨다. 할아버지 하던 거 물려받았고, 그래서 양복점을 다음 대(代)로 물려주려고 굉장히 생각을 많이 하셨다."

세상은 그리 친근하지가 않았다. 1980년대 후반부터 폭풍처럼 불어닥친 기성복의 시대. 옷 맞추기 위해 한 번 들러 치수 재고, 가봉하러 또 들렀다가 옷 받으러 세 번째 방문해야 하는 맞춤양복은 그 편의성에서 기성복과는 상대가 되지 않았다. 할아버지가 세운 피맛골 종로양복점은 점차 규모가 줄어들었다.

하지만 3대째 흐르고 있는 검면함의 피는 더욱 힘찼다. 이경주가 말했다. "명색이 만주에서 태어난 사람인데, 이날 이때까지 해

" 역사라는 게 현재 있어야 중요한 거지.
없어지면 아무것도 아니잖은가. "

종로양복점 상표와 초기에 사용했던 영수증 전표.

외는커녕 국내 여행도 가보지 못했다"라고. 정성무식이라는 정언 명령을 지켜야 하고, 정성에 덧보탤 기술과 신용을 위해서는 가게를 비울 수가 없었다는 것이다. 2002년 피맛골이 재개발되면서 종로양복점은 지금의 자리인 광화문으로 이전했다. 보신각 옆 건물은 지금도 남아 있지만, 종로1가 건물은 철거되고 그 자리에 르메이에르 빌딩이 서 있다. 그렇게 종로 시대는 역사 속으로 사라졌고 광화문 시대가 시작됐다.

100년, 그 뒤를 잇는 가게를 위하여

광화문에서 옷에 대한 이경주의 생각도 바뀌었다. "한 20년 하니까 내가 최고라는 생각이 들었다. 지금은 아니다. 사람 체형이 똑같은 게 없으니까, 어떻게 최고를 만드나. 그저 손님이 90퍼센트

만족하도록 최선을 다한다는 생각으로 만들고 있다."

얼마 전에는 20년 전에 이경주의 손으로 만든 옷을 입고 결혼식을 올린 한 사람이 찾아왔다. 그 사이에 그 사람은 미국 유학을 떠났다가 대학 교수가 되어 돌아왔고, 이경주는 반갑게 새로운 옷을 맞춰줬다.

1대 사장 이두용이 창업했을 때, 양복 안감에 붙이는 상표에는 커다란 종 그림과 뾰족한 돌기가 하나 있었다. 2대 사장 이해주가 가업을 물려받고서 그 돌기는 두 개가 됐다. 3대 사장 이경주가 또 가업을 물려받으며 그 상표에 돌기를 하나 덧보탰다. 돌기 3개. 3대를 잇고 있다는 뜻이다. 이경주는 이 돌기를 4개, 5개, 그 이상으로 늘리고 싶다.

"그만두고 싶은 마음도 있었다. 근데, 아깝더라. 종로양복점이 80년, 90년 된 게 너무 아깝더라. 이게 문 닫으면 아무것도 아니게 된다. 역사라는 게 현재 있어야 중요한 거지, 없어지면 아무것도 아니잖은가. 100년 하다가 없어졌다, 그게 무슨 의미인가. 현재 있어야 중요한 거지." 사람 좋게 껄껄 웃던 이경주가 눈빛을 반짝였다.

"자부심이 있다. 90년이 넘도록 3대째 한다는 거. 행운이라고 볼 수도 있고. 이런 걸 한다는 자체가, 아무나 돈 있다고 할 수 있는 게 아니잖은가. 할아버지, 아버지가 이어온 걸 내가 한다는 게. 앞으로도 백 년, 이백 년 계속해야 하는데, 생각은 그래. 그런데 두렵기

" 한 20년 하니까 내가 최고라는 생각이 들었다.
지금은 아니다. 사람 체형이 똑같은 게 없으니까,
어떻게 최고를 만드나. "

도 해. 자꾸 나이는 먹지, 언제까지 내가 할 것도 아니고."

몇 년 전 큰아들과 둘째 딸에게 넌지시 물어봤다. 아들은 거부했고 의상학을 배우던 딸은 좋다고 했다. 그런데 이경주가 "남자 몸을 만지는 직업인데 너는 안 돼"라고 했다가 지금 몹시 후회하고 있는 중이다. 한 번 퇴짜 맞은 딸이 아버지의 뒤늦은 설득을 받아들이지 않고 있는 것이다.

그러는 와중에 복식사를 연구하는 학생들, 교수들이 꾸준히 이경주를 찾아온다. 1대와 2대의 삶을 묻고, 복식의 유행을 묻고, 남은 자료를 묻는다. 그래서 광화문으로 이사 오며 창고에 있던 수십 년 된 옷들을 버린 것이 너무 아쉽다. 선친이 만든 옷, 그게 다 역사인데. 그러면서 이경주는 할아버지 때 사용하던 영수증 꾸러미를 보여줬다. 이것만 해도 역사가 아닌가.

세상이 자꾸 변하고 있지만 이경주는 떳떳하고 자부심 있으며, 슬퍼 보일 정도로 100년 가업에 집착했다. "여기도 개발할지 모르겠지만, 100년이 되는 2016년까지는 여기에 있지 않을까. 하기야 장담 못하지. 2016년 전에 개발한다고 하면, 어디 자리 좋은 데 잡아 놔야지, 뭐."

또 그가 껄껄 웃었다. 그러고 보니 100년 가업을 대물림할 이경주를 처음 만난 곳은 지금으로부터 123년 전인 1887년에 문을 연 새문안교회 옆이었다.

어린 연어가 강을 떠난다. 두려움에 떨고 담대함을 기르고 광대무변한 세상과 만나게 된다.
세상은 그로 인해 찬란했다.
문득 전용복은 천지를 뒤덮으리만치 거대하게 성장해 그리움에 휩싸여 회귀했다.

나는 조선의 옻칠장이 전용복

전용복

● ● ●

뜨내기 점쟁이의 한마디에 소년의 인생은 파란만장한 드라마로 변해 버렸다. 부모에게 버림받고 공부도 하지 못한 부산 소년 전용복. 세계 최고 최대의 옻 작품이자 일본 도쿄의 문화재인 메구로가조엔目黑雅 敍園을 복원하고서 그는 세계 최고의 칠예가가 된다. 일본 최대의 옻칠 미술관을 설립하고, 나아가 세계에서 가장 비싼 시계를 옻 예술로 완성한 사람이다. '목숨 걸면 못할 일은 없다'는 신념으로 불가능에 도전하며 살아온 칠예가 전용복[56]의 파란만장한 인생. 그를 일본에서 만났다.

고향에 들렀다가 할머니와 함께 집에 돌아갈 기차를 기다리고 있던 시골역 대합실이었다. 전용복이 초등학교 5학년이던 1964년, 경상북도 울주군에 있는 동해남부선 덕하역 역사였다.

너덜너덜한 갓을 쓰고 누더기 두루마기 뒤에는 돗자리를 멘 늙은이가 전용복을 뚫어지게 쳐다봤다. 빤히 바라보던 노인은 소년의 턱을 손가락으로 치켜들며 혼자 중얼거렸다. "큰일 낼 놈일세……." 그러더니 한마디 묻는다. "니 장남이제?" "큰형님 있는데요." "…… 느그 형은 죽는다, 니가 맏이다." 그러자 옆에 있던 할머니가 바로 점쟁이의 멱살을 잡았고, 대합실은 난장판이 됐다. "이 영감탱이가 미쳤나, 어데 우리 장남 죽일라꼬!" "보소, 장남 안 죽으면 야가 죽소. 싫으면 야를 딴 데 보내소!" 훗날 전용복은 "노인이 화를 내면서 기찻길로 걸어가다가 철길에서 사라져버렸다"고 기억한다.

혹독했던 어린 시절

두 주일 뒤, 큰형이 결핵성 뇌막염으로 죽었다. 큰형은 당시 명문인 동래고등학교 2학년이었다. 부산 동래구 복천동 판자촌에 살던 집안의 기둥이고 미래였던 엘리트였다. 관이 나가던 날, 정신줄 놓은 할머니가 아들 부부 앞에서 손주를 쏘아보며 소리쳤다. "쟈가 우리 손주 지깄다!"

공상만 하고 엉뚱한 짓만 하며 어른 말 안 듣는다고 '팔푼이'라 불렸던 전용복에게 그날로 별명이 하나 더 생겼다. 인간 이새기. 이새기는 벼를 베고 남은 밑동을 이르는 경상도 사투리다. 인간은 인간이되 형을 죽인 살인범에, 쓸모없는 이새기. 가난 탓에 8남매 가운데 두 명이 이미 죽은 마당에, 장남까지 죽었다. 입에 풀칠이나 간신히 할 정도로 작은 사업을 했던 아버지는 그날 이후 알코올 중독

자가 되어버렸고, 어머니는 신경증에 걸려 아들을 험하게 박대했다.

부모는 전용복을 중학교에 보내주지 않았다. 대신 전용복은 소년 가장이 되어 동생들을 기르고, 병들어서 술에 절어 사는 부모를 수발했다. 40킬로미터 떨어진 국제시장에 가서 풀빵 기계를 구입해 풀빵 장사도 했다. 또, 야학에 다니면서 산동네까지 연탄을 날라 돈을 벌었다. 그 돈으로 어머니 심장약을 사고 쌀을 사고 공책을 사서 공부를 하고 그림을 그렸다.

전용복의 외삼촌은 불꽃을 소재로 작품을 만드는 '불의 화가' 김종근이다. "다섯 살 때부터 외삼촌 어깨 너머로 그림을 배웠다. 그런데 권투선수 출신인 삼촌은 너무 무서웠다." 그래서 전용복은 독학으로 예술을 배웠다. 중학교도 가지 못했고, 부모 사랑도 못 받았지만, 그 모든 걸 틈틈이 그림으로 잊었고 동생들 먹여 살리는 고달픔도 그림으로 달랬다.

그리고 검정고시를 거쳐 부산 동성고등학교 야간부에 진학했다. 낮에는 공부하고 밤에는 연탄 배달 대신 영어와 수학 과외를 했다. 크리스마스가 되면 친구들과 손으로 카드를 그려 팔았다. 솜씨가 좋아 제지회사에서 카드 사이즈 종이를 대량으로 받아와 카드를 만들었다고 했다. 정식으로 배운 적은 한 번도 없지만, 피 속에 흐르는 예기藝氣는 그렇게 조금씩 농축되고 있었다.

옻을 처음 만난 것도 그 즈음이다. "동네 가구상에서 옻칠한 장롱을 팔았는데, 할아버지들한테 술 사주면서 꼬치꼬치 묻곤 했다. 옻에 대한 특별한 감정은 전혀 없었다. 그저 예술에 대한 호기심이라고 할까……." 집안 형편이 나아지면서 형의 그림자는 차츰 희미해졌고, 부모의 학대도 점차 사라졌다. '인간 이새끼'라는 말은 더 이상 나오지 않았다. 전용복이 말했다. "억울해서라도 비뚤어지게 살지 말자고 다짐했다. 덕택에 그 혹독한 시절이 지금의 나를 있게 만든 가장 큰 동력이 됐다고 생각한다."

옻과의 만남, 그리고 집안의 부활

해병대를 마치고 스물네 살 되던 1976년, 그는 부산의 목재회사에 취직했다. 그리고 정식으로 옻을 만났다. 1970년대는 웬만한 부잣집은 열 자짜리 자개농을 부의 상징으로 들여놓던 시절이다. 전용복은 목재회사에 나무만 팔지 말고 장롱을 만들자고 제안했다. "디자인에 재주가 좀 있으니, 내가 디자인하고 옻칠을 하면 된다고 했다."

부산 옆에 있는 양산에 공장을 설립했다. 이제 전용복은 장롱 디자이너가 되었다. 회사는 첫 장롱이 출고되면서부터 떼돈을 벌었다. 전용복의 예기와 옻 가구에 대한 수요가 척척 맞아떨어졌다. 말 그대로 승승장구했다. 고졸 평사원으로 입사했다가 3년 만에 기획실장으로 수직 상승했다. 전용복이 말했다. "어릴 적 혹독한 경험에 해병

“ 전통이란 계승함과 동시에 발전시켜야 하는 가치다. ”

대 생활 3년이 더해지니 나에게 더 이상 불가능은 없다고 생각했다."

망해가던 집안은 완벽하게 부활했고 인간 이새기, 팔푼이는 집안의 기둥이 되었다. "잘나갔다. 회사에서는 나한테 재무까지 맡기고 무한책임을 줬다. 장롱은 만드는 족족 팔려나갔고, 나는 정말 내가 장인匠人인 줄 착각하고 살았다."

그런데 어느 날 회사 사주가 바른말 하는 공장장 전용복에게 "대학교도 안 나온 놈 키워줬더니 어디다 대고 말을 함부로!" 하며 뒤통수에 한방을 갈겨버린 것이다. 전용복은 그날로 회사를 때려치우고 부산에 '예린칠연구소芸鱗漆研究所'를 설립했다. 1980년, 나이 스물여덟이었다.

당시 국내 수요를 감당하기에 '진짜 옻'은 물량이 너무 적고 비쌌다. 그래서 당시(지금도 많은 사람들은) 쉽게 마르고 싸게 만들 수 있는 인공 옻 '카슈'를 썼다. 전용복도 마찬가지였다. "카슈가 뭔지도 모르고, 아니 카슈가 진짜 옻인 줄 알고 사용했던 시절이었다. 그리고 진짜 옻으로 짬짬이 내 작품을 만들곤 했다."

그 진짜 옻을 만든 가구와 작품으로 1985년 첫 전시회를 가졌다. 전용복은 한국에서 꽤 잘나가는 옻쟁이, 아니 칠예가로 입지를 다져갔다. 전시회를 한창 준비 중이던 1984년, 일본인 한 사람이 그에게 작은 네모난 밥상 하나를 들고 찾아왔다. 도쿄에서 메구로가조엔이라는 연회장을 운영하는 호소카와細川 가문에서 보낸 사람이었다.

"고색창연한 낡은 밥상이었다. 일본에서 '오젱'이라 부르는 네모난. 이걸 수리해 달라는 것이다. 작가로서 남의 것 고쳐주는 거는 탐탁지 않았지만 일본 칠예를 알 기회라는 생각에 고쳐줬다. 낡은 분위기 그대로 고쳐줬다가 한 번 '빠꾸 맞고', 두 번째에는 완전히 새로 만들어주자고 작심하고 제대로 만들어줬다."

그리고 이듬해 메구로가조엔에서 재주문이 들어왔다. 이번에는 똑같은 오젱 1천 개 보수. 전용복은 "식당 하나 굉장히 큰가 보다"고 생각했다. 메구로가조엔의 '가조엔'은 한자로 '雅敍園아서원', 그러니까 한국에서 중화요리집 이름으로 흔히 쓰는 이름이 아닌가. 전용복은 큰 주문 하나 맡았다는 기분으로 도쿄로 날아갔다. 1986년 8월 어느 날, 전용복은 실로 숨이 막히는 경험을 했다.

일본의 자존심, 메구로가조엔

메구로가조엔은 1930년대 호소카와 가문이 만든 대형 연회장이다. 2만 6,400제곱미터에 이르는 초대형 부지에 벽, 천장, 바닥에 이르기까지 무려 5천 점이 넘는 옻 작품으로 뒤덮인 공간이자 일본 정부에 의해 역사문화유산으로 지정되어 있는 일본 칠예의 보고寶庫다.

전용복이 말했다. "현관에 들어선 순간, 숨이 탁 막혔다. 눈길 가는 곳마다 빛나고 있는 자개 하며 눈빛을 흡수할 듯한 검은 옻색 하며……. 이게 그냥 요리점이 아니라는 걸 그제서야 깨달은 것이다." 그때 메구로가조엔은 세월 겹친 지진과 홍수로 붕괴 일보직전이었다. 호소카와 가에서는 이를 놓고 부숴버릴지 복원을 할지 고민 중이었다.

"덜덜 떨리는 손으로 작품들 여기저기를 만지는데, 연회장 입구 위에 있는 천마도^{天馬圖}를 보고 피가 끓어올랐다." 천마도에는 굵직굵직한 자개로 말과 천사가 그려져 있었다. 그 오른쪽 구석에 원화를 그린 일본인 화가 이름과 옻 그림을 완성한 작업자 이름이 적혀 있었다. 작업자 이름은 '光信^{광신}'. 거침없고 씨알 굵은 나전 솜씨는 틀림없는 조선시대 나전 기법이었고, 거기에 식민시대 조선의 장인 이름이 또렷하게 새겨져 있는 것이 아닌가. 정신을 겨우 차리고 보니 칠에 작품들은 100퍼센트 조선과 고려 기법이었다.

넋을 잃고 있는 전용복에게 메구로가조엔의 고위층이 사연을 말해 줬다. "이것들을 부숴버릴지 복원할지 고민 중이다. 복원하게 되면 입찰할 생각이 있나?" 그는 아무 말도 하지 않고 그 자리를 물러났지만 머릿속에는 오직 한 가지밖에 없었다. '반드시 내가 복원한다.'

"70년 전 우리 선배가 만든 작품들이 쇠락하고 있었다. 이거를 내가 다시 만들 수 있다면 하고 생각했다. 오젱 1천 개로 돈은 벌겠지만, 이건 돈 문제가 아니었다."

메구로가조엔의 천마도. 2010년 5월, 천마도는 80년 만에 한국으로 돌아왔다.

메구로가조엔 복원 감독이 되다

"복원 작업의 100분의 1만 맡아도 영광이라고 생각했다. 그 옛날 선배들이 왔을 때는 박상, 김상 정도 대접받았겠지. 하지만 내가 복원을 하면 선생이란 소리를 들을 것 아닌가. 그런데 일을 맡으려면 어떻게 해야 하나? 준비해야 할 것 아닌가. 아는 게 없으면 공부하면 되지."

복원 여부도 결정되지 않았지만 전용복은 바로 부산에 있는 2년제 성심외국어대학교 일어학과에 등록했다. 34세 만학도. 부산에 있는 회사는 대충 관리하고, 두세 달에 한 번씩 일본으로 날아갔다. 그때 생활을 전용복은 이렇게 말한다.

"일본 옻에 대해 아는 게 하나도 없었다. 그래서 일본 전국에 있는 옻쟁이란 옻쟁이는 다 만나고 다녔다. 가슴 속에 녹음기 하나 품고, 그들에게 술을 사주며 지식을 훔쳤다. 아니, 나는 조선의 나전기법을 가르쳐줬으니까 훔친 건 아니다. 쟁이들이야 다들 술 좋아하니까. 나는 취하면 안 되고. 하루에 100엔짜리 낫또(일본식 된장) 한 끼 먹으며 공부를 했다. 도쿄 역 앞에 있는 삼성당 서점에서 옻 전문서적을 베끼고……. 그리고 수시로 메구로가조엔에 들러 샘플 조각을 떼서 연구했다. 잠은 우에노(上野) 공원에서 노숙했는데 텃세 부리는 노숙자들 손좀 봐주고 오야붕 대접받으며 잤다."

그렇게 2년이 지난 1988년 1월, 마침내 메구로가조엔에서

'세계 최고의 칠예가 한국인 전용복'

" 조선에서 왔던 장인들과
  그들의 작품을 부끄럽지 않게 복원하고 싶다. "

"관심이 있으면 와서 한번 상의하자"고 연락이 왔다. 연구노트와 기획안을 들고 날아갔다. 첫 방일 이후 처음으로 호텔에서 일주일 간 대접을 받으며 지냈다.

사다리를 타고 작품 하나하나를 짚으며 '복원 가능'이라고 평가를 내렸다. 이미 건물 신축을 맡은 건설회사에서 '불가능'이라고 판단한 작품들이었다. "내가 할 수 있다면 할 수 있는 것이다. 두말 하게 하지 마라. 싫으면 나는 그냥 간다." 전용복은 배짱을 부리고 부산으로 돌아왔다.

전용복의 허무맹랑한 꿈 때문에 이미 부산 집은 전기도 끊기고 쌀 뒤주도 바닥이 드러난 뒤였다. "그래도 전화세만은 놓치지 않았다. 가부 전화를 받아야 하니까." 하루가 가고 일주일이 흘렀다. 전용복은 소주와 김치로 속타는 하루하루를 보냈다. 오는 전화라곤 쌀값 내라, 전기세 며칠까지 안 내면 끊긴다, 이런 내용뿐이었다. "잘 때 빼고는 술에 취해 전화통만 멍하니 바라보고 살았다. 내 키가 182센티미터인데, 80킬로그램 넘던 몸이 62킬로그램까지 빠졌다. 벚꽃도 다 저버린 4월 어느 날, 전화가 와서 받아보니 '모시모시'였다."

서론이 너무 길어서 불길한 예감이 들었다. 전용복은 길고 긴 서론 끝에 수화기 너머에서 들려온 말을 지금도 토씨 하나 틀리지 않고 기억한다. "전 선생님, 어제 우리 간부회의에서 복원 및 창작 작업에 따른 모든 작업 전부를 전용복 선생에게 맡기기로 만장일치로 결의했습니다." 2008년 가을, 도쿄 메구로가조엔 찻집에서 전용복은 이 말을 기자에게 읊어주고 한참 눈물을 닦았다.

통화가 끝나고 전용복은 밖으로 튀어나가 지나가던 개한테도 고맙다고 인사하고, 가로수에게도 절을 했다. "신이라는 게 있구나, 열심히 하는 사람을 절대로 배반하지 않는구나!" 당시 입찰을 했던 장인이 일본에서만 3천 명이 넘었다고 했다. "100분의 1만이라도 고마워했을 일 전부를 맡았다. 지금 생각해도 이건 꿈이다. 정말 나는 운이 좋은 사람이라고 생각한다. 결국은 노력이었다. 노력하지 않는 자에겐 운이 따라주지 않으니까."

전쟁 같은 복원작업

영어로 '옻'을 'japan'이라고 한다. 그만큼 세계에서 '옻' 하면 일본이다. 그런데 일본의 자존심을 조센징이? 일본에서는 메구로가조엔 복원도 뉴스였지만 그 작업의 총책임자가 무명의 전용복이라는 게 더 큰 뉴스였다.

기자들에게 전용복은 이리 말했다. "다른 분들은 가문과 학벌을 내세운 것 같다. 그런데 나는 목숨밖에 내세울 게 없었다. 그래서 내가 선정된 걸로 생각한다. 조선에서 왔던 장인들과 그들의 작품을 부끄럽지 않게 복원하고 싶다."

1988년 9월 전용복은 가족과 제자 일곱 명을 데리고 이와테[岩]

手현 첩첩산중 가와이무라川井村에 있는 폐교에 작업실을 열고 복원작업에 착수했다. 이와테현은 일본 옻의 대표 산지였고 가와이무라에는 옻칠의 천적인 먼지가 없었다. 하지만 길거리에는 뱀이 기어 다니고 겨울이면 눈이 몇 미터씩 쌓이는 첩첩산중이었다. 송이[31], 혜진[28] 두 딸과 아내 정하영, 그리고 가와이무라에서 태어난 막내아들 현민[22]은 "우리가 왜 여기 살아야 하느냐"며 남편과 아빠를 비난했다. 신칸센으로 세 시간이 걸리는 첩첩오지. 나중에 100명으로 불어난 전용복 사단은 그 오지를 오가며 작업을 했다.

"공사 기간이 정해져 있으니, 우리는 정말 목숨을 걸고 일했다. 제자들을 보니 그들은 고용된 직원이 아니라 광기에 휩싸인 예술가들이었다. 고개를 완전히 젖히고 옻을 칠하고 금박을 붙이다 보니 얼굴에 옻 방울이 수시로 튀었다. 우리 모두의 얼굴은 퉁퉁 부어올랐고 벗겨진 살에서는 진물이 흘렀다."

그렇게 3년이었다. 드디어 1991년 11월 13일 메구로가조엔이 다시 문을 열었다. 문을 열던 날, 새까맣게 옻물이 든 손톱으로 머리카락을 넘기는 전용복의 눈앞에 일장기와 함께 태극기가 펄럭였다. 전용복은 그 순간 기절했다. 나이 서른여섯이었다. 이후 전용복은 '세계 최고의 칠예가 한국인 전용복'이라고 불린다.

이와테현에 있는 이와야마 칠예 미술관. 벽에 걸린 작품은 '이와테의 혼'이다.

세계 최대의 칠예 미술관, 이와야마 칠예 미술관

젊은 날 혼을 바쳤던 이와테현에서는 그에게 미술관 운영을 의뢰했다. 이와테 출신의 한 서양화가가 만들었다가 그의 사후 주차장으로 바뀌게 된 곳이었다. 전용복은 3년 준비 끝에 2004년 미술관을 칠예 미술관으로 변신시켰다. "귀화를 여러 차례 권유받았지만 하지 않았다. 귀화했으면 문화기금 받아서 편하게 했을 것이다. 하지만 나는 조선의, 다름 아닌 조선의 옻칠쟁이가 아닌가. 그걸로 내가 여기까지 왔는데."

칠예 미술관에는 세계 최대의 칠예작품인 '이와테의 혼' 18m×2.42m을 비롯한 그와 그 제자의 작품들이 걸려 있다. 또 외국인으로는 유일하게 이와테현의 문화예술심의위원을 맡고 있다. 그가 말했다. "이 미술관은 내 것이 아니다. 미술관은 이와테에게 돌려줄 거다. 한 예술가가 최선을 다해 바로 세웠다는 거 보여주고, 작가로 인정받았다면 그걸로 된 거다. 나는 옻칠할 붓 하나 넣고 봇짐 싸면 된다."

세이코가 5억 3천만 원에 내놓은 전용복의 시계 디자인.

한 점에 몇 천만 원 나가는 작품을 팔아 미술관을 꾸렸다. 그 작품, 도저히 재료가 옻이라고 상상할 수 없을 정도로 현란하다. 한 해 수입 5억 원 가운데 생활비 빼고는 전부 미술관에 들어간다고 했다. 2005년 〈부산 APEC〉 때 주최측 초청으로 전용복은 그의 칠예작품전을 부산에서 가졌다.

돌려준다는 것, 또 있다. 전용복은 아들 현민의 친구, 니시다 코헤이西田浩平·21라는 젊은이를 그의 뒤를 이을 제자로 낙점했다. "예술에 국경이 어디 있는가. 언젠가 현민이도 예술을 할 것이다. 니시다와 함께 옻을 계승 발전하겠지." 아들 현민은 서울대학교 역사교육학과에 외국인 특례전형을 접수하고 결과를 기다리고 있었다.

5억 3천만 원짜리 시계를 디자인하다

2008년 5월이었다. 메구로가조엔에서 일본 최고의 시계회사 세이코의 신제품 발표회가 열렸다. 이름하여 'Credor 크레도르 典雅전아' 시리즈. 전용복이 옻으로 디자인한 최고급 시계 12점 발표회다. 지름 3센티미터짜리 시계 하나 가격이 5,250만 엔. 환율을 1천 원으로 쳐도 자그마치 5억 2,500만 원이다. 옻을 씌우지 않았다면 400만 엔이었을 시계가 전용복의 옻칠 하나로 열 배 넘게 뛴 것이다.

일본의 자존심 세이코가 칠예 시계를 전용복과 만든다는 뉴스에 전 일본 공예가들이 광분했다. 메구로가조엔에 이어 이와야마 칠예 미술관에 이어 세이코까지? 결국 그해 9월 세이코에서는 본사에서 회의를 열고 전용복에게 "재계약 불가" 통보를 했다. 그러나 통보를 받는 순간, 어딘가에서 전화가 오고 전화를 받은 임원 얼굴이 새파래졌다. "12개가 전부 팔렸다!" 며칠 뒤 세이코의 고위층이 이와테로 사람을 보내 사과를 했고, 재계약 불가 결정은 취소됐다.

전용복의 꿈 혹은 한

밤늦은 시각이었지만 도쿄 메구로가조엔은 그 찬란한 광휘 속에 사람들로 붐볐다. 밤새들이 정원에서 시끄럽게 울어대는데, 실내에서는 결혼식이 한창이었다. 전용복을 따라 투어에 나섰다. 엘리베이터부터 전용복의 나전칠 작품이 등장한다. 문에서 내부까지 공작과 해태가 반짝인다. 벽면에는 '전용복 작作'이라는 금빛 명패가 선명하다.

스쳐가는 직원들은 걸음을 멈추고 전용복에게 90도로 허리를 꺾으며 예를 취한다. 조선 장인 광신이 만든 작품, 그리고 전용복의 작품들에서 메구로가조엔과 첫 인연을 맺은 작은 소반까지 다 보고 나자 전용복이 말했다. "만일 지금 저승사자가 온다면 기꺼이 이리 말할 것이다. 이제껏 나를 있게 해줘서 고맙다. 내 기꺼이 그대를 따라가겠다라고. 그리고 장례식은 치르지 말라고 할 거다. 내 작품들이 살아 있고, 내 아들과 내 제자들이 살아 있는 한 나는 죽은 게 아니니까 말이다."

흐뭇함 한켠에는 물기가 묻어 있다. "내 부모, 내 형이 묻혀

"내 뿌리 한국으로 돌아가, 하늘로 간 예인 백남준 버금가는 예술가가 되고 싶다."

세계에서 제일 비싼 시계를 만들었던 전용복의 작업실.

있는 한국으로 돌아가고 싶다. 내 뿌리는 한국이다. 일본에서 한국인으로 이만큼 컸다. 이제 나를 있게 해준 한국으로 돌아가야 한다."

2008년에 그에게서 들은 말이었다. 2년 뒤 전용복은 그 말을 실천했다.

20대부터 치열하게 싸워온 옻칠에 장인, 전용복이 "내 뿌리 한국으로 돌아가, 하늘로 간 예인藝人 백남준 버금가는 예술가가 되고 싶다"고 했다. 그런데 "한국에 가면 옻칠쟁이라고 천대하고, 게다가 왜식倭式 옻쟁이라고 비난한다"고 했다. 그러나 "정작 일본에서는 조선에서 건너온 옻 문화를 부활시킨 세계 최고의 한국인이라 평가를 받고 있으니, 참으로 난감하고 힘든 일"이라고 했다. 그가 말했다. "내가 고려청자를 완벽하게 재현했다고 치자. 500년 뒤 누군가가 내 작품을 발굴하고서 뭐라고 할 것인가. '정말 보존 상태가 좋은 고려청자'라고 할 것이다. 전통이란 그런 것이다. 옛것을 흉내 낸다고 전통이 아니다. 그러면 우리는 빗살무늬토기를 만들어야 하는 거 아닌가." 전용복은 단호했다. "전통이란 계승함과 동시에 발전시켜야 하는 가치"라고.

짧은 시간 그의 작품들을 일별하고 그가 목숨 걸고 이뤄놓은 대업의 향기를 맡아본 결과, 나는 그가 한국으로 돌아와야 한다고 결론을 내렸다. 아니면 옻 붓 하나 봇짐에 넣고 한국인 전용복을 알아주는 세계로 나가거나. 2010년 전용복은 마침내 귀향했다. 태어난 강으로 회귀하는 연어처럼, 전용복은 한국으로 돌아왔다. 2010년 5월 그는 귀국 전시회를 열었다. 제목은 '만년萬年의 빛'이다.

장용훈이 말했다. "울 아버지가 칭찬하면서 이 종이를 끝까지 지키라고 그러셔.
그래서 내가 종이에 미쳐서 지금까지 고생하네."
장용훈은 그 길을 끝까지 걸어갔다. 멋지되 험난한 길이었다.

100년을 잇는 한지 장인 장용훈

장용훈

전남 장성에 살던 부지런한 농부 장경순은 종이를 만들었다. 주로 겨울 농한기를 이용해 질 좋은 닥나무를 거둬들여 한지를 만들었다. 100년 전의 일이다.

장경순의 아들 장세권도 아버지를 따라 닥종이를 만들다가 업業으로 삼았다. 전쟁이 터지자 장세권은 아들 용훈을 데리고 전주로 피란을 갔다. 열일곱 먹은 용훈도 아버지 수발을 들면서 종이를 배웠다. 아버지가 말했다.

"너는 이거 하지 마라."

몇 달이 지난 뒤, 장세권이 점심을 먹고 작업장에 와보니 그럴듯한 종이들이 쌓여 있었다.

"네가 만들었냐?"

"예."

"너는 어떻게……, 쉽게 배운다."

그리하여 장경순의 손자인 용훈은 그 뒤로 1초도 길에 어긋남 없이 60년째 종이를 만들고 있다. 그는 경기도 지정 무형문화재 16호 지장紙匠이다. 이걸로 끝이 아니다. 그 지겨울 만도 한 가업을 장용훈의 세 아들까지 가세해 4대째 종이를 만들고 있으니 이 전광석화電光石火 같은 시대에 무슨 이런 고집쟁이 집안이 다 있는가.

인사동 장지방

서울 인사동 쌈지길 상가 1층에 '장지방張紙房'이라는 종이 매장이 있다. 장씨 가문의 종이를 전시하고 파는 곳이다. 이끼를 덧보태 푸른색을 띤 태지, 거칠게 옻을 칠한 옻지, 두 종이를 엇갈리게 이어붙여 만든 튼튼한 음양지, 창살 문양이 들어간 문양지, 서양 레이스처럼 보들보들 구멍이 뚫린 인테리어지…… 기타 등등 없는 종이가 없고, 있는 종이는 하나같이 예기藝氣가 있는 사람이라면 탐욕심을 일으키게 할 정도로 아름답다.

장지방의 종이는 100퍼센트 이곳에서만 판다. "매장이 많으면 대량생산을 해야 하고 그러면 종이 품질이 떨어지니까." 돈 벌어 부자 되기보다 품질 불량을 걱정하는 장씨네 한지 제작소는 경기도 가평에 있다.

가평 장지방

　　46번 국도를 따라 양평에서 춘천 쪽으로 가다 보면 청평역을 지나 오른편으로 커다랗게 '장지방'이라는 이정표가 나온다. 이 이정표 이후에는 아무런 표지판이 없어서 장지방을 찾기가 쉽지 않다. 농가 사이로 난 시멘트 포장길로 한참 산쪽으로 들어가니 '전통 한지 장지방'이라는 나무 간판이 붙은 공장이 나온다.

　　오른편 제작실로 들어가니 분홍빛 개량한복을 입은 노인이 물질을 하고 있다. 그가 바로 노老장인匠人 장용훈이다. 돋보기 안경을 쓰고 소매를 걷고서 닥섬유가 잘 풀어진 스테인레스 지통 위로 대나무발을 흔든다. 앞뒤 좌우로.

　　라디오에서 음악이 흐르는데, 실제로 들리는 것은 장인의 물질 소리가 더 크다. 그 물소리에 귀를 기울여 만들어질 종이 두께를 가늠한 뒤, 발을 꺼내 뒤집으면 얇게 묻어 있던 닥섬유들이 얇은 종이

색한지와 옻지, 그리고 닥 삶는 가마솥(위쪽부터)

로 떠진다. 똑같은 작업을 한 번 반복해 반대편으로 뒤집어 내려놓으면, 그 얇은 두 장 섬유판이 하나로 붙어서 종이가 된다.

이름하여 음양지陰陽紙, 얇은 두 종이의 아래 위를 엇갈리게 덧대어 만드는 종이다. 학계에 따르면 석가탑에서 발견된 신라대 목판 인쇄물 '무구정광대다라니경'이 바로 이 종이에 인쇄됐으니, 무려 천 년이 넘는 세월을 견디는 종이다. 지천년견오백紙千年絹五百, 즉 '종이는 천 년 가고 비단은 오백 년'이라는 말이 바로 이 말이다. 천연 닥과 천연 잿물을 원료로 음과 양지를 결합해 만든 이 신라, 고려 종이는 역대 중국 왕조에 보내는 단골 조공품이며 수출품이기도 했다. 장용훈은 21세기에 옛 방식 그대로 음양지를 만드는 세상에 몇 안 되는 사람이다.

'이 종이를 끝까지 지키라'는 아버지 말씀에 미쳐 살다

장용훈이 말했다. "우리 아버지가 나더러 종이 잘 만들었다고 칭찬하면서 이 종이를 끝까지 지키라고 그러서. '이 종이를 꼭 남겨라, 버리지 말고 꼭 지켜라.' 그래서 내가 지금까지 하고 있는 거여." 그가 말하는 '이 종이'가 바로 음양지다. 이제는 더 이상 이룰 꿈이 없다고 웃는 장인이 지난 세월을 이야기한다.

"내가 고생을 할라고 종이에 미쳐갖고, 종이를 딱 만들어서 놓고 보면 참 잘 만들었다 하는 생각이 들어. 그래서 다른 거 하고 싶은 생각이 없어. 종이를 내버렸으면, 지금 생활이 좀 나아졌을는지도 몰라. 근데 고생을 할라고 그냥 지금까지 붙들고 있는 거여."

전주로 피란을 갔을 때, 아버지 옆에서 수발을 들다가 종이에 맛을 들여버렸다. 두껍지도 않고 얇지도 않고 딱 가지런히 나오는 종이를 보면 마냥 기분이 좋았다고 했다. 그래서 "너 이거 그만하고 이제 공부해라"는 아버지에게 등 떠밀려 늦깎이로 중학교에 갔지만 2년 만에 작파하고 다시 공장으로 돌아왔다. 아버지가 항복했다. "그리 된 거여. 열 장, 백 장, 천 장 다 고르게 나오면 그게 그렇게 재밌어. 그리 종이에 미쳐서 내가 지금까지 고생하네."

때는 전쟁이 끝나고 모든 공문서를 복구하던 시기였다. 토지대장, 호적을 모두 한지로 제작하던 때였다. 아버지한테 배운 방식 그대로 종이를 만드니, 그에게도 일이 몰렸다.

스물일곱 때, 관공서에서 사람이 와서 종이 제작을 맡겼다. 처음에는 어린 사람이라 실수할까봐 망설이더니 며칠 뒤에 다시 찾아왔다. 장용훈은 사람 둘을 부리며 종이를 떴다. 돈이 엄청 남았다고 했다. 그 돈을 은행에 넣지 않고 방구석에 쌓아두며 살았다. 아버지는 세 칸 초가집을 사고, 땅도 샀고, 가끔씩 아들에게 목돈도 쥐어줬다.

호기 있던 젊은 시절, 아버지가 지방에 출장 간 사이 노름판에 끼여서 큰돈도 잃어봤다. 제대로 한 번 돈 잃은 다음부터는 두 번

다시 화투짝을 쳐다보지도 않는다고 했다. 어찌됐건 풍족했으니, 식민지와 전쟁을 거치며 고단하게 살던 종이장이들에겐 참으로 좋은 시절이었다. 그러나 그것은 마지막 촛불이 활활 타듯, 몰락의 징조이기도 했다.

기계지의 등장과 종이장이들의 몰락

1960년대 후반, 주택 개량사업이 시작되면서 창호지와 벽지 수요가 대폭 줄었다. 관공서 문서들은 값싼 기계지로 대체됐다. 펄프에 화학약품 팍팍 써서 새하얗고 질긴 종이를 대량으로 찍어내니 닥나무 수확해서 찌고, 삶고, 말리고, 두드리고, 뜨고의 연속이자 말리는 데 여러 날이 걸리는 전통 종이는 애시당초 운명이 정해져버렸다.

아버지가 세상을 뜨고, 어느 날 정신을 차려보니 "공장에 드럼통 몇 개 빼고는 빚쟁이들이 몽땅 가져가고 없더라"고 했다. 그 정도로 완전히 망했다. 장용훈은 그 드럼통을 팔아서 건진 8천 원을 들고 닥 품질 좋기로 유명한 가평 땅으로 이사했다. 1970년이었다.

미쳐야 미친다

한양대학교 국문과 교수 정민이 쓴 책 가운데 《미쳐야 미친다》라는 책이 있다. 조선시대에 세밀한 분야에 업業을 세운 사람들의 이야기다. 그래, 미치도록 빠져야㕛 다다르지㕉 않겠는가. 장용훈은

장지방 3대 장인 장용훈.
이제 4대 아들들에게 자리를 물려줄 채비를 한다.

이후 "종이를 지키라"는 선친의 말에 따라 종이에 미쳐서 살았다.

다른 곳 보지 않고, 오직 아버지의 음양지 기술을 고집했다. 종이 표백할 때 가성소다 같은 양잿물은 쓰지 않고 고춧대, 목화대, 수숫대, 참나무재, 볏짚, 메밀대 이렇게 '6재'를 썼다. 곱고 질긴 섬유질을 만들기 위함이다. 종이 뜨는 채 위에 닥을 푼 물을 흘려 뜨는 흘려뜨기로 두 번 종이를 만들어 음양지를 만들었다. 채의 사방을 막아서 종이를 만드는 가둠뜨기와 달리 닥섬유들이 더 촘촘하게 엉긴다고 했다. 종이가 마르면 다듬이로 두드리는 도침을 했다. 억센 종이를 더 억세게 만들고 얇게 만드는 과정이다. 종이 한 장에 몇 배 시간이 더 걸리고 가격은 미사일처럼 솟구쳤으니 아무도 사려는 사람이 없었다.

엎친 데 덮친 격으로 1978년 대홍수 때 가평 공장은 지붕까지 물에 잠겼다. 재어놨던 종이며 닥나무들이 물속에서 몽땅 썩었다. 장용훈, 세상을 초월한 노촌 장인이 그때를 생각하며 가슴을 쓸어내린다. "어휴, 그때 생각하면 아이고…… 저녁에 자려고 누우면 잠이 안 와. 이튿날부터 종이 말리고 닥 말리고 해서 23일 만에 종이를 떴어."

노름판에 기웃거렸을 때와 물난리 난 그날은 절대 못 잊을 기억이라고 했다. 그래도 종이가 좋았다. "땅 한 평, 집 한 채도 못 사서 아이들한테 미안해. 다 내가 종이에 미쳐서……."

장용훈은 물난리를 수습하고 군유지를 임차해서 지금의 공장으로 옮겼다. 그리고 죽어라고 종이를 만들었다.

4대 아들들, 종이를 잇다

가도 가도 끝이 보이지 않는 암담한 현실 속에 고생하던 아버지를 아들들이 도왔다. 1989년, 고생하는 아버지를 쳐다보던 둘째 아들 진우[42]가 아버지 문하로 들어왔다. 아버지는 말이 없었다. 그리고 1991년 장남 성우[43]가 합류했다. "딱 5년만 도와드리면 일어서실 것 같았다." 성우는 그날을 지금도 잊지 않는다. "1990년 12월 27일에 제대해서 돌아와 말씀 드렸다. 돕겠다고. 대신에 당분간 못 놀 것 같으니 오늘부터 딱 일주일만 놀겠다고."

그는 그때 원 없이 빈둥거려봤다고 했다. 늦잠도 자고 친구랑 술도 먹고……. 1991년 1월 3일, 아버지가 아들을 백화점에 데려가 입문 기념으로 두터운 외투를 사줬다. 가난한 종이장이 아들의 과분한 호사였다. 성우는 그 외투를 2008년까지 입었다. 성우가 회상한다. "그때 일주일만 놀겠다고 한 것은 참으로 잘한 일이었다. 그 뒤로 하루도 쉰 적이 없었으니까. 5년 기한이 차면서 나도 종이에 재미가 났다. 아버지하고 똑같았다."

9년째 되던 해 칭찬을 기대했다가 큰 혼이 나고서 두 번이나 종이 때려치운다며 집을 나가기도 했지만, 결국 성우는 종이로 돌아오게 되었다. 이것은 피다. 도저히 어떠한 논리로 설명 불가능한 업이며 인연이다.

성우는 종이공예로 국내외 대회에 입상을 하고, 1996년 경기도 무형문화재 16호 지장이 된 아버지의 전수조교로 선정됐다. 성우가 말했다. "전통은 기본이다. 기본을 지키되 새로운 현대의 요구에 맞는 종이를 개발하는 것이 내가 할 일이다."

2000년에 4형제 중 막내 갑진[36]이 장지방 문하생으로 들어왔다. 큰형 성우와 막내 갑진은 2006년 문양을 넣은 한지제조법과 닥나무 모자로 특허를 출원했다. 큰형이 말한다. "형제가 힘을 합치면 못 하는 것이 없다"라고.

1998년 일본의 종이예술가 사카모토 나오아키가 가평 장지방을 찾아왔다. 사카모토는 "전주와 원주를 돌면서 번거로운 조선식을 버리고 일본식으로 종이 뜨는 사람들을 보며 슬펐다"고 했다. 2005년 그는 서울에서 장지방의 음양지로 작품전을 열었다. 그 카탈로그에 사카모토는 이렇게 썼다. "지통 위에서 흘림뜨기 방식으로 채를 움직이는 음양지 제작 도구를 보는 순간 감격과 반가움에 주인이신 장용훈 선생님의 손을 덥석 잡았습니다. 그토록 찾아왔던 음양지 어머니의 손!"

장용훈의 기억은 이렇다. "전주로 원주로 다 더듬어서 우리 집에 왔대. 보더니 나 이거 좀 해주세요, 해. 음양지. 내가 이걸 구하러 왔습니다, 하면서 몇 장 가져가고 2천 장을 주문하더라구. 다음 해가, 와서 보고 좋다고 가져갔어. 그때부터 지금까지 계속 가져가." 장용훈이 말했다. "한국에서 남들이, 장용훈이 종이 기가 막히게 만든다고 다 그래. 근데 돈은 못 벌어. 그래도 후회는 안 해."

마침 세상은 웰빙이다, 디자인이다 하며 천천히 만드는 천연 재료가 각광받는 시대가 되었다. 2004년 서울 인사동에 문화상품 복합상가 쌈짓길이 생기면서 쌈지 대표 천호선이 장지방을 찾아와 매장을 내자고 했다. 사양을 거듭하다가 한지를 알리자는 취지에 요청을 받아들였다. 비싸게는 20만 원까지 나가는 장지방 한지가 인사동에서 쏠쏠하게 팔린다. 화가와 인테리어 작가들이 주고객이다. 그래서 생계 걱정은 없이 살고 있다고 했다.

저녁 먹고 나면 다음날 끼니를 걱정해야 했던 종이 장인의 삶이 4대를 잇더니, 그 100년 장씨 고집이 오늘날 이토록 찬란한 열매를 맺는 것이다.

IV :
그들이 있어 세상은 희망을 품는다

채성태 ◀

도연 ◀

이문길 ◀

큰 재난을 만나 죽지 않고 살아남으면 같은 규모의 큰 복이 온다고 했다.
바다에서 죽을 뻔한 채성태에게 그 복은 나눔이었다.
돈 벌어야 할 요리사가 주말만 되면 노인들과 아이들에게 밥을 들고 달려가니, 이 어인 복인가.

만인의 요리사 채성태

채 성 태

마흔세 살 된 채성태는 요리사다. 서울 이태원에 '해천海川'이라는 전복요리집을 하는데, 이 집 음식 맛이 제법 괜찮다. 일본이며 홍콩 등지에서 식도락가들이 예약을 하고 단체로 날아와 먹고 간다. 돈, 제법 많이 번다. 장안長安의 미식가치고 해천 모르는 사람 없고 채성태 모르는 사람 드물다. 채성태는 말했다. "다른 요리사들은 정통 조리법으로 요리를 만들지만, 나는 내 맘대로 이것저것 섞어서 요리를 만든다. 그러다 보니 세상에 단 하나밖에 없는 요리가 된다."

채성태에게는 '사랑의 밥차' 트럭이 두 대 있다. 토요일만 되면 식당을 직원에게 맡기고 식재료 가득 실은 트럭을 몰아 어디론가 사라진다. 그는 외식 한 번 제대로 못 해보는 소외계층 시설을 찾아가 친구들과 함께 요리를 해준다. 돈가스, 회, 통닭, 전복죽 기타 등등. 요리로 번 돈이 트럭에 실려 점차 나누어진다.

채성태는 경기도 안성에서 태어났다. 집안은 부유하지도 가난하지도 않았다. 그런데 어머니 병이 깊어지면서 가세가 기울더니 홀딱 망하고 말았다. 그가 말했다. "어휴, 여섯 가족이 다리 밑에 산 적도 있었다. 다리 밑에 천막 치고, 어디서 겨우 보리쌀 구해다 물에 불려놓고 온 가족이 며칠씩 아껴서 밥을 해먹었다." 그는 어릴 때도 보스 기질이 다분했던지라, 친구가 놀러오면 그 불린 보리밥을 친구에게 먹였다. 저녁 때 큰형이 돌아오면 그날 먹을 밥이 없어서 형은 굶어야 했다.

채성태는 초등학교 때부터 고등학교 때까지 유도를 했다. 그래서 유도 4단이다. 하라는 운동은 안 하고 동네 친구들이랑 돌아다니며 말썽만 피워댔다. 군대 다녀와서 지도자 생활도 좀 했는데 "이건 내 길이 아니다 싶어서" 관뒀다. 대신에 돈이 좋았다. 그래서 자동차 폐차대행업을 했다. 시골이다 보니 넉살좋고 친구 많은 채성태에게 일이 몰렸다. 자동차 번호판 제작과 인테리어도 했다. 그렇게 해서 제법 벌었다.

채성태, 죽을 뻔하다

채성태는 1996년 초, 충남 태안으로 친구들과 함께 낚시를 떠났다. 작은 고깃배 하나 사둔 게 있어서 배에 친구들 태우고 바다로 나갔다. 겨울 내내 세워두었던 배. 갑자기 배가 확 뒤집히더니 세상이 바뀌어버렸다. 두꺼운 겨울옷으로 몸이 겹겹이 싸여 있던 상태에서, 사람들은 파도 속으로 빠져들었다.

"아, 이렇게 죽는구나 하는 생각이 들었다. 살아온 인생이 파노라마처럼 확확 스쳐가고……. 그런데 갑자기 갓 태어난 아들이 눈앞에 보이는 거다."

채성태는 물속에서 옷을 다 벗어던졌다. 그리고 하나님한테 기도하고 부처님한테 기도했다. '나를 살려만 주신다면 나가서 사회에 꼭 필요한 사람이 되겠습니다. 제발 살려주세요.'

죽을 힘 다해 헤엄을 쳐서 근처 섬에 당도했다. 바위에 있는 모래로 온몸을 문지르며 추위를 쫓았는데, 근처 양식장에서 배가 와 채성태를 구조했다. 채성태와 다른 한 사람만 살고 나머지는 죽었다.

자기 배에 태웠다가 하늘로 간 사람들. 그 유족들과 합의하면서 있던 돈 다 날린 채성태는 자기가 살아난 바로 그 섬에 가서 횟집을 차렸다. 싱싱한 전복에 갖은 한약재 섞어서 팔았더니 많이 팔렸다. 내친김에 홍콩, 일본까지 돌아다니며 요리를 연구해 제대로 된 전복요리를 개발하고 서울로 올라와 전복요리집을 냈다. 그게 대박이 터졌다. 그 사이에 자기가 죽을 뻔했던 사실도, 세상에 필요한 사람 되겠다던 서언誓言도 어느새 망각했다. 그는 그냥 잘나가는 요리집 사장이었다.

채성태, 착한 척하게 되다

1998년 어느 날이었다. 친한 누님 한 분이 "경기도 벽제로 자원봉사 가려 하니, 전복죽 좀 협찬하라"는 것이었다. 막연한 생각에 50인분을 준비해서 동행했다.

"노인들 계신 곳이었는데, 전복죽을 끓일 가스렌지 하나 변변히 없는 거다. 그 차가운 죽을 드리면서 가슴이 아팠다." 비로소 그때 그 생각이 나더라고 했다. 자기가 죽어갈 때 뭘 기도했고 뭘 맹세했었는지를.

"그래서 수시로 김포, 서울 후암동 같은 데 있는 복지시설에 100인분씩 전복죽을 들고 찾아갔다." 혼자서 그렇게 돌아다니다 보니 '찬 음식을 대접할 게 아니라, 제대로 된 요리를 직접 해드리면 어떨까?' 하는 생각이 들었다. 그러려면 이동식 주방, 그러니까 레스토랑이 필요했고 트럭 한 대가 필요했다. 2004년이었다. 적금 깨서 집 한 채 사려고 했었는데 '집은 나중에 사지 뭐' 하는 생각에 그 돈으로 3.5톤짜리 트럭을 사서 주방을 만들었다."

이것이 2010년 현재 '무슨무슨 밥차'라는 이름으로 전국에서 활동하고 있는 봉사모임의 시작이다. 식당 손님으로 알게 된 사람들, 그리고 알음알이로 친하게 된 연예인들을 그러모았다. 요리사 동료들은 일식, 한식, 양식, 퓨전 등으로 분야를 나눴다. 돈가스부터 전복삼계탕까지 평상시에 시설 수용자들이 못 먹는 메뉴를 주문받아서

" 솔직히 처음에는 '착한 척' 하려고 시작했다.
그런데 이걸 하다 보니까
점점 진짜로 착해지는 것이다. "

떠나곤 했다. '살기 위해' 먹는 음식이 아니라 그들이 '평상시에 먹고 싶었던' 음식들이다. 10명이 됐든 100명이 됐든 상관없었다. 점심식사시간 맞추려고 전날부터 떠나서 한뎃잠 자며 음식을 만들었다.

채성태는 저돌적이고 보스 기질 강한 사내다. 그래서 처음에는 연예인 친구들을 거의 윽박질러대며 불러 모았다. 이 사람 저 사람한테 따로 전화를 해서 "올 사람이 너밖에 없다"고 우기곤 했다. 현장에는 그 바쁜 연예인들이 우글거리며 "채성태, 죽인다!"고 벼르곤 했다. 그런데 "그 사람들이 하나같이 지금은 나보다 더 열성적으로 봉사를 하고 있다"고 했다.

늘어나는 회원, 나눔의 기쁨

청구건설 회장인 이금렬도 채성태에게 걸려들었다. 몇 차례 봉사도 하고 사랑의 밥차를 구경하더니 어느 날에는 5톤짜리 트럭 한 대를 사랑의 밥차로 내놨다. 캄보디아에 봉사를 떠났을 때도 후원했다. 태안 기름 유출사태 때 그는 채성태보다 더 채성태 같았다.

"거기 청소하는 자원봉사자들 밥 주러 가서 나는 하루만 있다가 오려고 했는데, 이 회장이 전화를 했다. 나더러 어디냐고 묻더라. 그래서 태안에 있는데 곧 올라갈 거라고 했지. 그랬더니 이 사람 하는 말이 '아, 올라오지 마시오'였다. '아니, 왜?' 하고 물었더니 이 사람이 이런다. '지금 통장에 1천 만 원 넣을 테니까 그 돈 다 쓸

때까지 올라오지 마시오.' 그래서 꼬박 두 달 동안 태안에 있으면서 새벽 6시부터 밤까지 한 끼에 2천 명분 밥을 지었다."

밥차 지원자들이 없을까봐 걱정했는데, 희한하게도 전국 방방곡곡에서 마치 약속이나 한 것처럼 회원들이 몰려왔다고 했다. 지금 '사랑의 밥차' 회원은 1천 명이 넘는다.

채성태의 시골 친구들은 이렇게 놀린다. "야, 깡패 아니면 경찰 했을 놈이 착한 놈 됐구나!" 그가 말했다. "솔직히 처음에는 '착한 척' 하려고 시작했다. 그런데 이걸 하다 보니까 점점 진짜로 착해지는 거다. 건강한 몸과 정신을 물려준 부모님이 너무 감사하고, 점점 양보심을 익히게 되고 배려를 배우게 되더라. 옛날에는 우리 부모님 원망 참 많이 했다. 남들처럼 반듯한 거 하나 물려준 것 없다고."

회원들도 이상하다. 바쁜 연예인들이 꼬박꼬박 주말마다 찾아와서 공짜 공연을 하고 설거지를 하고 밥을 퍼 나른다. 언뜻 생각나는 이름만 이영범 부부, 이일화, 정준호, 고한우, 방대식, 홍종명, 유승혁, 웃찾사 가족들, 김혜진 등등이다. 돈이 떨어져 한 주라도 쉴 참이면 이제는 회원들이 닦달이다. 예비역 공군 장성인 류홍규는 밥차 회원이 된 것을 계기로 일주일에 사흘을 따로 봉사활동 중이다. 용인 사는 의사 신호식은 개업하면서 개업인사를 난초나 화환 대신 쌀 살 돈이나 쌀로 받았다. 다 없는 사람들 갖다 줄 물건이었다.

"경기도 장호원에 '작은 평화의 집'이라는 장애노인 수용시설이 있다. 정말 가난한 사람들인데, 어느 날 그들에게서 소포가 왔다. 열어봤더니 그 노인들이 100원, 500원 용돈 모아서 30만 원 정도를 돼지저금통에 넣어서 보냈더라. 편지에 뭐라는지 아나? 자기들도 힘든데 '우리보다 더 힘든 사람들 도와주라'고 적혀 있더라. 그때 정말 가슴이 찡해서……."

가난했던 유도선수가 물에 빠져 죽을 뻔하더니 제법 큰돈을 벌어 이제는 그 돈을 세상을 위해 쓴다. 그저 착한 척하려는 게 아니라, 이제는 봉사의 기쁨을 누리기 위해 산다.

"나, 요리 좋아하고 여행 좋아한다. 앞으로 시골에 텃밭 가꿀 돈만 놔두고 버스 한 대 사서 돌아다닐 거다. 진짜 오지에 소외된 사람들 찾아다니면서. 우리 아들들한테도 말했다. 너희들한테 물려줄 거 없으니 기대하지 말라고."

이상, 생김새는 그리 착하지 않되 실질은 착하기 그지없는 '사랑의 밥차' 요리사 채성태의 인생 이야기였다.

연탄재 함부로 발로 차지 마라
너는
누구에게 한 번이라도 뜨거운 사람이었느냐

-〈너에게 묻는다〉(안도현) 중에서

그가 말했다. "세상 스님들이 몽땅 목탁만 두드리면 시끄러워서 어찌 살겠냐"고.
그래서 도연은 목탁 대신에 카메라를 들었다.
이윽고 도연은 카메라마저 버렸다. 삼라만상森羅萬象 제행무상諸行無常.

새 찍는 스님 도연

도연

사내가 봉지에서 빵을 꺼내자 재잘대던 새들이 수다를 멈췄다. 그래서 나는 물었다. "혹시 새들을 부르는 초능력이 있으신지?" "하하, 초능력은 아니지만 새들이 자기를 좋아해 주는 사람은 알아보니까……." 그러더니 머리 빡빡 깎은 사내가 휘파람으로 나지막이 새소리를 내는데, 잠깐 사이에 사방에서 참새랑 비둘기들이 몰려오는 것이다. "저거 봐, 참새들은 100미터 앞에서 좁쌀도 본다니까." 봄비가 조금씩 흩뿌려대는 서울 덕수궁 노천카페 벤치에서였다. 거기까지는 이해했다. 비둘기라는 놈은 사람에게 익숙해져 있는 새니까.

그런데 그가 빵 조각을 떼내 무릎 위에 올려놓으니, 잠깐 망설이던 비둘기들이 무릎에 기어오르고, 아예 손바닥 위에서 홰를 치며 장난을 쳐대는 것이었다. 옆에 앉은 내가 온갖 착한 척 하며 흉내를 내보았으나, 새들은 끝내 옆 사람은 사람 취급해 주지 않았.

새들을 부르는 사내 이름은 도연[57]. 스님은 스님인데 컨테이너 법당에 살면서 새와 꽃과 산 사진을 찍는 생태사진가 승려다. "세상 스님들이 몽땅 목탁만 두드리면 시끄러워서 어떻게 살겠냐"며 목탁 대신에 카메라를 들었다고 했다.

새는 수행자가 닮아야 할 존재

그의 암자는 경기도 포천시 관음면 지장산 자락에 있다. 여기서 30분만 더 가면 강원도 철원평야가 나온다. 암자 이름은 도연암. 두 평짜리 컨테이너로 만든 법당이다. 상식적인 탱화 대신에 지장산 너머로 날아가는 기러기 떼 사진을 걸어놓았다.

"수행자가 닮아야 할 존재는 바로 새라고 생각한다. 새는 둥지를 만들고, 새끼가 자라나면 미련 없이 집을 버리지. 그 무소유^{無所有}의 덕행이 우리가 닮아야 할 첫째다. 가진 것 없이 오직 날개만으로 훨훨 자유롭게 나니, 그 자유가 수행자가 좇을 둘째 덕목이다. 그러니 나는 새가 좋다." 그의 말대로, 그물에 걸리지 않는 바람처럼 새들은 그렇게 살고 있다.

그가 열네 살 때, 월남전에 참전했던 큰형님이 일제 야시카 카메라를 들고 돌아왔다. 형님 몰래 사진을 배웠다. 출가하고서도 카메라를 놓지 않았다. 사진 구력이 40년이 넘는 선수다. "그러다 규율 따지는 절 생활에 질려서 독립하기로 마음먹었다. 10년 전에, 어릴 적 자주 찾던 철원 땅에 가보니 마침 작은 땅이 있길래 컨테이너 올리고 암자를 만들었다."

불교에서 수행의 끝은 업보를 벗고, 모든 인연에서 자유로워지는 것이다. "아, 자유다" 하고 다음날 자전거를 타고서 들판에 나갔다. "으아, 기러기 떼가 25만 마리에 두루미 수백 마리가 날아다니는 게 아닌가. 아, 저 자유로운 존재들, 저들의 우아한 기질을 사진으로 찍어서 사람들에게 보여주자, 그러면 사람들도 깨닫는 바가 있을 것이다, 뭐 그런 생각이 확 들었다."

그리 했다. 그러다 보니 어느 때는 탐조객들이 새들 사는 곳을 망가뜨리지 않도록 감시도 하게 되고, 탐조객들을 안내해 새들의 생태를 설명도 하게 되었다. 어느 순간 그는 생태사진계에 명망이 높은 사진가가 되었다.

그가 말했다. "새가 문화를 먼저 알아보는 거 같다. 일본에 갔더니 기러기가 먹이 달라고 사람들한테 먼저 다가오더라. 우리는? 그런 일 없지. 우리는 등산 가서 무슨 소리가 나면 그쪽으로 돌멩이부터 던지잖아? 거기가 새들이랑 짐승들 서식지인데. 지구상에 남은 먹두루미가 2만 마리쯤 되는데, 그놈들이 몽땅 일본에 가서 월동한다. 그래서 일본 조류학자들이 걱정한다. 일본에 전염병 돌면 세상 먹두루미 멸종된다고. 그 두루미들이 일본에 가기 전에 다 한국에 온다. 한국더러 함께 대책 마련해 보자고 해도 먹히질 않으니……."

2007년 여름, 경남 창원 주남저수지에 아열대 조류인 희귀조

" 수행자가 닮아야 할 존재가 바로 새라고 생각한다.
새는 둥지를 만들고, 새끼가 자라나면 미련 없이 집을 버리지.
그 무소유의 덕행이 우리가 닮아야 할 첫째다."

물꿩 한 쌍이 나타나 알을 낳았다. 도연은 주남으로 내려가 두 달 동안 텐트 생활을 하며 탐조객들과 언론으로부터 물꿩 가족을 지켰다. 막무가내로 사진을 찍으려는 사진가들에게 새총을 쏴대는 투쟁 끝에 물꿩 부부는 무사히 새끼 네 마리를 부화해 훨훨 날아갔다.

"내가 새한테 배우고 사는데, 새가 못 살 환경이 되면 안 되겠지. 그런 곳은 인간도 못 살아. 그래서 새들 찾아 나서는 거지."

2008년 4월에는 경기도 파주 탄현면에 있는 한 절벽에 어린 수리부엉이 세 마리가 발견됐다. 일찌감치 암컷은 절벽 아래에 흙투성이가 된 채 죽어 있었다.

일주일 뒤, 굶주림과 까치 떼 습격에 벌벌 떨고 있던 어린 새들 앞에 도연이 나타났다. 도연은 절벽 아래에 텐트를 치고서 매일 생닭 세 마리씩을 둥지로 던져줬다. 도연은 오는 9월 새들이 날게 될 때까지 어미새를 대신할 계획이었지만, 며칠 뒤 조류 관련단체가 어린 새들을 구해내면서 텐트를 거둬들였다. 두 마리는 살고, 한 마리는 결국 죽었다.

내려가서 밭이나 갈아라

아무리 새를 역할모델로 본받는다고 해도, 승려가 법당을 그리 자주 비우는 것이 정상은 아닐 터이다. 그가 우화 하나를 들려준다. "……패기만만한 젊은 수도승이 바위 위에 앉아 참선을 하고 있었다. 그러자 노승이 곁에 앉더니 돌멩이 하나를 바위에 박박 갈아대는 것이다. 참다못한 젊은 스님이 '뭐 하시오?' 하고 묻자 '거울을 만든다'고 대답했다. 그러자 젊은 스님이 '아니, 그렇게 해서 언제 거울을 만드오?' 하고 힐난하자 답은 이랬다. '야 이놈아, 거기 앉아 있으면 뭐가 되냐? 내려가서 밭이나 갈아라.'" 내려가서 밭이나 갈아라, 내려가서 밭이나 갈아라······.

그가 말을 잇는다. "아침은 거르고 지옥 같은 지하철 타서 김치 냄새, 남의 방귀 냄새 맡아가면서 가족 살리려고 쉴 새 없이 일하는 사람들, 그 사람들이 도 닦는 거지, 절에 앉아서 차나 마시고 있으면 그게 수행이고 구도일까. 나는 수행자가 절 밖으로 나가야 한다고 생각한다." 그는 두드린다고 다 목탁이 아니고, 염불을 한다고 다 염불이 아니라고 했다.

그래서 부엉새를 구하러 갔다고 했다. "요즘처럼 엽기적이고 황당한 살인사건이 많은 시대에 최소 몇 명이라도 생명의 귀중함을 알게 되지 않겠냐"는 것이다. "독극물을 먹은 암컷이 사력을 다해 둥지까지 돌아와 새끼들을 보고 죽었고, 수컷은 틀림없이 그 모습을 봤을 거다. 그 처절한 상황에서 신문이고 방송이고, 밤에도 서치라이트 켜놓고 며칠 동안 둥지 촬영을 했으니, 그 스트레스도 엄청났을 것이고. 내년 번식기에 수컷이 그 참극의 현장으로 돌아올까?" 그는 진심으로 새들을, 아니 새들을 빌어 인간을 걱정하고 있었다.

그래서 그는 가난하다. 일주문도 불이문도 없는 컨테이너 법당에 산다. 여름에는 너무 더워 바깥에서 자고, 겨울에는 너무 추워 전기장판에 오리털 파카를 껴입고 잔다. 사진 찍는다고 산을 헤매다 돌아오면 불전함에 쌓인 구겨진 지폐가 5만 원 남짓이다. "그걸로 트럭에 기름 한 번 넣으면 땡"이라고 했다. 그때의 허전함이란.

 그래서 그는 웬만하면 자전거를 타고 다니기로 했다. "내가 과연 기름 땔 권리가 있는지 아니, 나 하나쯤은 대기 오염 주범에서 빠져야 하지 않을까." 고민하다가 그렇게 산다. "중이 고무신 신는 이유는 자기를 겸허하게 낮추라는 거다. 고무신 신고 비단옷 입으면 그건 옳은 일이 아니다."

새들에게 가장 무서운 천적은 사진가

2006년 여름, 그는 질기도록 집착했던 사진을 버렸다. 신자들이 사준 값비싼 장비들을 다 처분하고 새들과 꽃들을 찍은 슬라이드 수만 컷을 남에게 줘버렸다. 그러고도 남은 필름들은 태워버렸다. 지금은 작은 망원경 하나와 크고 작은 카메라 한 대씩이 남아 있을 뿐이다. 이유는 두 가지다.

"21세기 대한민국에서 새들에게 가장 무서운 천적은 사진가들이다. 세상이 디지털 시대가 되니까, 원칙도 없이 무조건 새들 둥지로 쳐들어가 사진을 찍어댄다. 아니, 새들한테 물어봤나? 당신 사는 집 창문을 열어젖히고 플래시 팡팡 터뜨려가며, 자고 있는 아기 사진 찍어도 되냐고? 새들이 못 살면 사람도 못 산다. 생명이 사라지는 거다."

부산에서도 수리부엉이 둥지가 발견됐는데, 이 또한 사진가들이 사진 찍겠다고 나뭇가지 잘라내는 바람에 완전히 망가져버렸다고 했다. 자, 디지털 시대의 고매한 생태사진가들에 대한 불신이 그 첫 번째 이유다.

그리고 하나 더 있다. 이번에는 새들한테 배운 것이다. "사진을 찍다 보니까, 있는 그대로 찍어야 되는데 자꾸 아름다운 것에 집착하게 되더라 이거다. 이건 자유가 아니었다. 그리고 장비 도둑맞지 않을까 하는 엉뚱한 걱정도 몰려오고."

이제 그는 기록을 위한 촬영만 한다. "2007년 여름에 한탄강 유원지에 댕기물떼새가 알을 낳았다. 기둥을 둘러놓고 사람들한테 그랬다. '여기, 물새가 알을 품었어요.' 그랬더니 사람들이 100퍼센트 발소리까지 조심하면서 빙 돌아서 가더라. 아, 그때의 감동이란……." 위대한 생태사진가 하나가 대한민국에서 사라지고, 대신 진지한 생태주의자 하나가 웃었다.

" 내가 과연 기름 땔 권리가 있는지,
나 하나쯤은 대기 오염 주범에서 빠져야 하지 않을까."

눈을 감고 있으면 밤에서 곧바로 아침이다.
난 늘 그랬듯이 주방에서 자장면을 만들고 또 설거지를 한다.
나는 우주에서 가장 맛있는 자장면을 만들고 싶다.

자장면 만드는 철학자 이문길

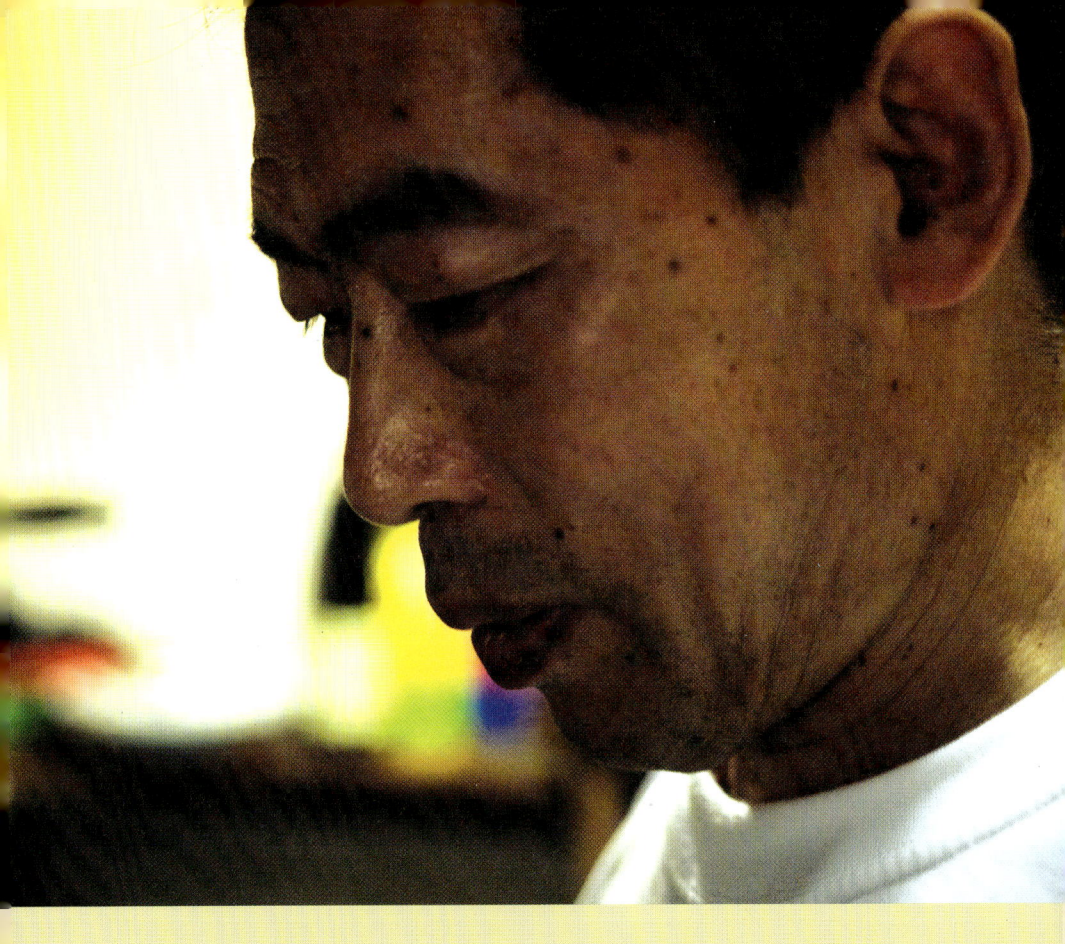

이문길

재주가 많았던 선친은 농사를 아주 잘 지었다. 남보다 단위 면적당 소출이 훨씬 많았고, 기와집도 잘 만들었다. 그런데 농사지을 땅이 없어서 늘상 남의 소작이나 치며 살았다. 그래서 이문길[53]은 중학교 마치고서 아버지 손 잡고 중국집에 가서 주방 보조로 취직했다. 37년 수타 자장면 인생의 시작이었다.

애시당초 가난 탈출이 목적이었지만, 지금은 목표가 수정됐다. "혼신의 힘을 다해 만들어, 손님이 먹어보고 눈물을 흘릴 자장면 만들기"가 목표다. 왜냐고? "21세기가 기다리니까." 자장면 만들다 철학자가 된 빈농의 아들 이문길의 이야기.

서울 효창공원 옆에 있는 자장면집 '신성각' 유리창에는 이런 글이 적혀 있다.

"지구촌에 살고 있는 어떤 사람이라도, 단 한 그릇 먹어보고 눈물을 흘려줄 음식을 내 혼신의 힘을 다하여 만들고 싶다. 21세기가

이문길이 1988년에 써서 가게 앞에 붙여놓은 글.

기다리고 있기에. 88년 10월 이문길."

테이블 딱 네 개에 잡채랑 탕수육 빼곤 번듯한 요리 하나 없는 이 자장면집에서 이문길은 아내 지선이[51]와 함께 그토록 장엄한 자장면을 만든다. 이문길이 말했다. "그렇게 작심한 건 벤 존슨 덕분"이라고.

"서울올림픽 때 벤 존슨이 약물 먹고 메달 뺏기고 쫓겨갔잖은가. 그 사람이 황급하게 공항을 나가는 걸 보고야, 저 사람은 메달 욕심에 저렇게까지 됐구나, 그렇다면 나도 돈을 위해서 자장면을 만들지 말자. 그렇게 다짐하고 저 글을 썼다. 한 그릇을 팔더라도, 이거 한번 제대로 해보자. 돈만 벌려고 할 게 아니라! 뭐 그런 거."

가게가 문을 연 게 1981년이니, 29년 세월 동안 가게는 두 배로 확장됐다. 평수는 3평에서 8평, 그리고 식탁 수는 두 개에서 네 개로 두 배! 하지만 지난至難한 품질과 매력적인 돈 사이에서 품질을 택하기에는 옹색하기 짝이 없는 규모요, 현실감 없는 사장이 아닌가.

이문길은 고향이 경남 거창이다. 소작농인 아버지의 6남 1녀 중 셋째 아들이었다. 언급했다시피, 가난하기 짝이 없는 시절이라 그는 중학교를 마치고 자장면집에 취직했다. 아버지가 데려간 식당에서 자격 시험을 봤는데, 물 담은 자장면 그릇을 나무배달통에 넣어 자전거 뒤에 싣고 동네 한 바퀴를 도는 것이었다. 물이 가장 많이 남은 아이가 합격인데 그게 이문길이었다. 그리고 기술을 배웠다. 아니, 가르

227

처주지 않는 주방장들 눈을 피해 밤마다 몰래 기술을 연습했다.

이어서 군대에 갔는데, 주방장 출신 취사병 때문에 사병식당에서는 며칠 사이에 쌀 소비량이 50퍼센트 늘어버렸다. 그리하여 그는 장교식당으로 쫓겨가고, 장교식당에서 사단장 관사로 가는 보직 강제 이동으로 그 실력을 입증받고 제대했다. '이제 제대로 취직할 수 있겠다.' 이문길은 그리 생각했다.

사회로 돌아와 보니 옛 동료들은 모두 자기 가게를 만들어 돈을 벌고 있었다. 집도 사고 없던 아이도 생겨 재미나게 살고 있었다. 생각해 보니 취직해서는 안 되겠다는 위기감을 느꼈다고 했다. "그래서 아버지한테 찾아갔다. 가게 하나 차리게 소 팔아서 자금 좀 대달라고 졸랐다. 하루 단식하고 사흘 드러누워서, 안 되면 죽어버리겠다고 했다." 아버지는 태연하게 "그러면 죽어라"고 했다. 자식들 잘되라고 소 팔고 땅 팔아 돈 대줬다가 집안 쫄딱 망한 꼴 본 게 벌써 몇 번이라며!

"그래도 자식 이기는 부모 없다고, 아버지께서 결국 소 두 마리를 끌고 같이 장에 갔다. 지금도 그날을 생각하면 가슴이 찡하다. 팔기 싫어서 소들한테 질질 끌려가던 아버지의 모습……."

1981년, 거금 250만 원을 들고 서울로 올라와 가게를 냈다. 지금 자리 바로 옆이다. 이름은 신성각. 업종은 기계가 아니라 손으로 면발을 만드는 수타 자장면으로 정했다. 돈이 좋았다. 이제는 돈을 벌겠다고 작정했다.

"청계천에서 일할 때 공해랑 소음 때문에 고생을 많이 했다. 여기는 무엇보다 공기가 좋아서 택했다." 그런데, 수돗물이 나오지 않는 것이었다. 물을 물 쓰듯 써야 할 중국집에 물이 없었다. 공기는 좋았지만 언덕바지 후미진 곳에 손님이 있을 리도 없었다. "살기는 딱인데, 장사로는 빵점이었던 입지"였다.

그리하여 낮에는 없는 손님 바라보며 자장면 만드느라 고생, 밤에는 아랫동네에서 물을 사오느라 생고생을 하며 살았다. 그러다 아내 지선이를 만났고, 두 사람은 남매 둘을 낳고서 악착같이 일했다. 돈 많이 벌어서 남들처럼 부자 되려고.

선처럼 다가온 무소유

그러다가 88올림픽 때 벤 존슨 사건이 터진 것이다. 고까짓 메달 하나를 탐욕해 인생을 망친 존슨. 나도 그리 살고 있는 것이 아닌가? "돈돈돈 하고 살았다. 술도 팔고 사람들 유혹하려고 자장면에 조미료랑 설탕 팍팍 쳐서 내놓고. 그런데……"

고등학교 입학 대신 '택해진' 자장면 인생. "그때만 해도 자장면 만들 시간이 많다고 생각했지만 내 인생 걸고 하는 일인데, 그렇다면 너무 편안함만 찾는 건 틀린 게 아닌가. 돈이라는 건 천 원 있으면 막걸리 먹으면 되고 십만 원 있으면 양주 먹으면 된다. 취하는

" 한 개인이 30년 넘게 자장면을 만들었다면,
그 자장면에는 자부심이 있어야 한다고 생각한다. "

건 똑같다."

등산과 운동으로 온몸이 근육덩어리인 사내가 자분자분 말을 잇는다. 하루 종일 찜통 주방에 서서 밀가루 반죽을 치려면 운동은 필수라고 했다. 지금 그렇게 체력과 인내심을 갖고 수타면을 업으로 삼을 수 있는 대한민국 청년은 없다고도 했다. "글쎄, 몽골에는 있을 거다, 틀림없이. 거기 사람들은 힘도 세고 하니까."

"한 개인이 30년 넘게 자장면을 만들었다면, 그 자장면에는 자부심이 있어야 한다고 생각한다. 먹는 사람이 어떻게 느낄지 모르겠지만, 정말 울고 싶을 정도로 맛있고 소화도 잘 되는 자장면을 만들고 싶다는 생각이 들었다."

그리하여 '신속배달'이라고 적어놨던 가게 앞 유리창에 저리 장엄하고 파격적인 글귀가 붙게 된 것이다. 이후 신성각 수타 자장면에서는 조미료와 설탕과 캐러멜의 인공적인 감칠맛이 사라지고, 어느덧 옛날자장면 마니아들과 건강을 챙기는 사람들의 성지聖地로 변했다.

주류 판매 일체 금지

고량주, 혹은 독한 이과두주 한 잔 입에 털어넣으며 '캬~' 하고 양장피 집어먹기. 그런 흔한 풍경을 신성각에서는 볼 수 없다. 그 세 가지 메뉴가 아예 없다. 술? 기본적으로 없다. 팔지도 않고 반입도 금지다. 요리? 아이들이 좋아하는 잡채와 탕수육 이렇게 딱 두 가지다. 메뉴판에 모든 게 적혀 있다.

"이 좁은 곳에서 어른들이 잔 탁탁 던지며 술 마셔봐라, 애들이 자장면 먹고 싶은가. 나는 자장면 만드는 사람이지, 술 파는 사람이 아니다. 밖에 가면 어른들 술 마실 곳은 많잖아? 옛날엔 나도 팔았지만 밖에 저 글 적어놓은 뒤로는 절대 술 안 팔아."

영업면에서 완전 낙제다. 메뉴판에는 또 이런 말도 적혀 있다.

"영업 시작 11시 37분. 영업 종료 8시 30분."

37분? "마누라랑 아침에 일어나서 8시부터 양파 썰고 밀가루 반죽하면서 하루 준비를 하면 보통 11시 35분쯤에 끝난다. 그러면 2분 정도 쉬다가 문을 여는 거다. 어김없다."

준비하는 데 걸리는 시간이 들쑥날쑥이라면, 나중에 자장면에 들어 있게 될 재료의 함량이며 무게며 기타 등등도 들쑥날쑥 될 터이니, 이 또한 단순한 자기 과시만은 아니다. 이문길은 '정확하게' 준비를 하고 있었다. 일요일은 무조건 쉰다. 정확함, 또 있다.

"한번은 어떤 공장에 한 시까지 배달을 가야 했다. 그런데 시계가 고장 난 거다. 몰랐다. 그래서 배달이 늦었다." 그 뒤로 이문길은 시계를 하나 더 사서 벽에 나란히 걸어놓는다. "시차를 두고 건전지를 넣었다. 그러면 느린 시계는 틀린 거다. 자장면 하나 먹겠다는 손님을 무작정 기다리게 할 수는 없지 않나."

변의 특성상, 수타면은 금방 불어버린다. 그래서 이문길은 가게 주변의 반경 50미터 안으로 배달 범위를 묶어버렸다. 그 너머로 가버리면 자장면이 불어터져서 못 먹게 된다는 것이다. 이 역시, 영업 점수 낙제.

몇 남지 않은 수타면 기술자다 보니, 동업에 스카우트 제의도 엄청 많다고 했다. "몇 년째 괴롭히는 사람도 있다. 5억 원 댈 테니까 같이 일하자, 규모 큰 레스토랑 만들자 뭐 뭐뭐……." 그래서? 몽땅 거절했다.

우선은 수타면의 본질적인 한계 때문에 거절했다. "사람이 만드는 거라, 하루에 만드는 양에 한계가 있다. 규모가 커지면 말은 수타라고 해놓고 뒤로는 기계를 써야 한다. 안 그러면 자장면 만들다 사람 죽는다." 무엇보다 돈의 노예가 되기 싫다고 했다. "돈에 맞춰 살면 되는 것이다. 편

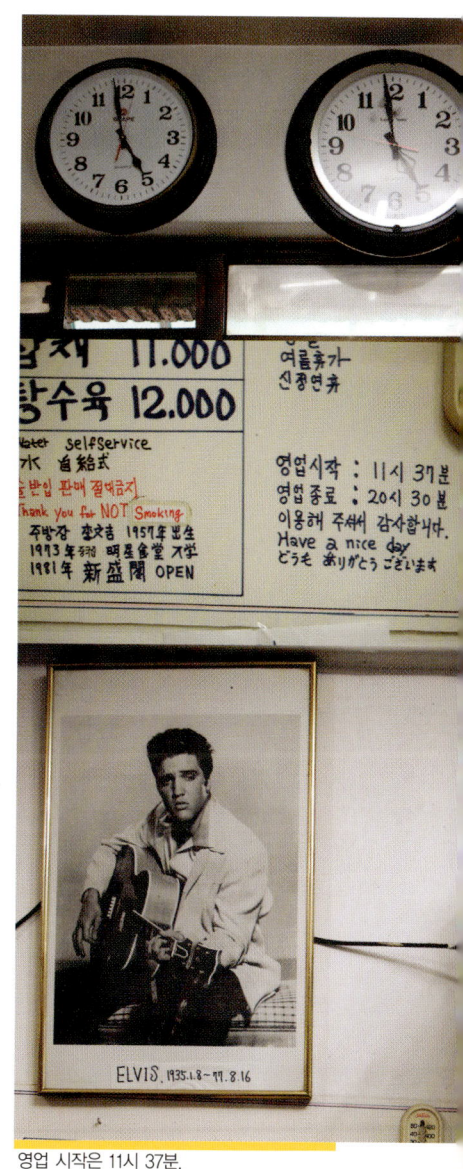

영업 시작은 11시 37분.
준비를 마치면 11시 35분. 2분 휴식 후 오픈이다.

하다는 것이, 음과 양이 있는 것과 같다. 마냥 편하다고 몸이나 마음이 똑같이 편하지 않는 것이고, 그저 편안함도 적당히 합리적으로……."

"그러면 가족들이 싫어하지 않나요?" 사내가 빙긋 웃는다. "평생 나 이렇게 사는 모습 보고 살았으니까, 애들은 그렇게 살 것 같다. 우리 마누라는 원래 돈돈돈 하는 사람인데……." 슬그머니 옆 테이블에 앉아 있는 아내 지선이를 이문길이 바라본다. 부부가 서로 빙긋 웃는다. 염화미소拈華微笑다. 네가 무슨 말 하는지 다 알고 있다는, 정분 가득한 미소 말이다.

엘비스 프레슬리를 닮고 싶은 이문길

메뉴판 위에는 엘비스 프레슬리의 흑백사진이 걸려 있다. 사진 아래에는 그의 생몰연대까지 붙어 있으니, 이건 그냥 팬 차원이 아니다. "내가 감히 엘비스를 닮을 수가 있겠는가. 음악계의 일획을 그은 분인데. 좋아서, 그냥." 정말 그럴까.

금붕어도 물도 없는 수족관이 입구 안쪽에 서 있다. 이밖에도 이문길이 한두 번씩 사용했던 물건들이 가득하다. 7년 동안 생사고락을 함께한 휴대전화 단말기, 군번 줄, 영업 시작 시간과 종료 시간을 가리키며 장렬하게 전사한 탁상시계 기타 등등. 그 가운데에 연습장에 볼펜으로 곱게 쓴 시 한 수가 보인다. 내용은 이렇다.

눈을 감고 있으면 밤에서 곧바로 아침이다
난 늘 그랬듯이 주방에서 자장면을 만들고 또 설거지를 한다
밤하늘 별처럼 수많은 단골손님들에게 감사하는 마음을 잠깐씩 느끼면서 (이하 생략)

잠자는 시간을 빼놓고, 뭇별처럼 많은 관중과 팬에 늘 감사하며 그들을 위해 노래한 엘비스가 아닌가. 엄청나게 더운 날이었지만 이문길을 만나고 돌아오는 길, 왠지 서늘했다.

V:
고독한 외길 명장의 길

김 철 ◀

김 학 원 ◀

신 영 수 ◀

장 공 익 ◀

길 없는 길을 걷다 뒤돌아보니 거기 길이 있었다. 그저 배 굶지 않으려고 살아온 인생인데,
그 여로가 한결같아서 문득 보니 벌판에 길이 난 것이다.
세상 사는 법? 중-심-잡-기.

축구화 수선 47년 김철

김 철

지금 철거공사가 한창인 서울 동대문운동장 건너편에 축구화 수선가게가 하나 있다. 이름은 '금성축구화'. 세 평도 되지 않는 실내에는 발 디딜 틈 없이 축구화가 가득하다. 책상 위에도, 선반 위에도 모조리 축구화다. 한 구석에는 부대자루에 또 축구화가 가득하다.

주인 이름은 김철[66]. 1963년, 나이 열여섯에 시작한 축구화 수선이 벌써 47년이 되었다. 형광등 불빛 아래, 축구화 더미를 바라보며 그가 말했다. "차범근은 280미리, 황보관은 265, 차상배 275, 김병지 275, 안정환 260, 김상식, 그 사람은 280도 안 맞고 275도 안 맞아. 딱 278이거든. 박지성은 중학교 때 260이었으니까 지금은 265쯤 됐겠다. 워낙 평발이라 신발 볼을 넓혀줘야 해."

주요 고객을 알려달라는 질문에, 한 시대를 풍미했고 지금 풍미하고 있는 축구 영웅들 이름이 줄줄 달려 나온다. 자, 6·25 때 피란 내려와 초등학교 시절 직접 축구선수로 뛰었던 그가 축구화 장인匠人으로 평생을 살게 된 연유는 이러하다.

김철은 함경북도 부령군 부거면에서 태어났다. 집이 부유했던지라 아버지는 별 직업 없이 오로지 축구공만 찼다고 했다. 그는 상하이, 하얼빈까지 원정을 다니며 축구를 했던 사내였다. 1950년 6월 25일 그날, 황해도 연백에서 열린 축구대회에 온 가족이 나들이를 하고 있다가 부랴부랴 남쪽으로 내려왔다. "고향에 있었으면 못 내려왔어. 축구 땜에 산 거지."

어렵게 충남 공주까지 내려왔는데, 그만 아버지가 실종됐다. 그리고 어린 김철은 알 수 없는 병에 걸려 며칠을 앓았다. 어느 날 밤, 가족들이 이렇게 속삭였다. "철이가 맥이 안 잡힌다. 오늘은 늦었으니, 내일 땅에 묻자." 그러나 천만다행으로 다음날 아침 다시 맥이 뛰었고, 졸지에 생매장당할 뻔했던 김철은 그렇게 살아났다. 그리고 수원으로 올라와 이웃들 도움으로 땅을 구하고 '브로꾸(시멘트 블록)'도 구해 집을 지었다.

"그때 고색초등학교에 들어가서 축구를 했다. 엄마는 '너도 축구하냐'며 별로 좋아하지 않았다." 엄마가 탐탁지 않아 했던 축구 인생, 금방 끝났다. 전후 폐허 속에서 가장이 사라지고 없는 가난한 집에 축구는 사치였다. 김철은 초등학교 졸업 후에 정미소에서 일하고, 엄마는 밭일을 하며 돈을 벌었다. 세월이 한참 흐른 뒤, 정말 천운으로 아는 사람이 서울에서 아버지를 발견했다.

축구에 가까운, 축구화로 시작한 인생

"아는 사람이 나를 아버지한테 데려갔다. 아버지가 물었지. '공부할래, 기술 배울래?' 당장 배고프니까 기술을 배우겠다고 했다. 아버지가 그럼 그러라고 했다." 1963년이었다. 하필이면 서울 집 앞에 신발공장이 있었다. 왜 그런 선택을 했을까? "일종의 한풀이였지. 내가 축구 못 하니까, 이거라도 하자 싶더라." 아버지는 장충단공원에서 조기축구회를 만들어 맹활약했다고 한다.

그러나 갓 취직한 열여섯 살짜리 소년에게 가르쳐줄 기술은 없었다. 청소도 하고, 배달도 나가고, 전기 수리도 김철이 했다. 그러다 남들 퇴근하고 나면 곁눈질로 봐뒀던 가죽 다듬는 기술을 혼자 공부했다. 2년 뒤에는 조금 더 큰 공장으로 옮겨 기술을 더 배운 뒤 군에 입대했다. 그는 해병대 231기다(김철은 자기가 해병대라는 걸 꼭 기록해 달라고 했다). 그리고 1976년에 '금성축구화'라는 이름을 걸고 독립했다.

남의 돈으로 먹고살 때는 편했다. 하지만 독립하고 몇 년은 "정말 굶어죽지 않은 게 다행"이라고 할 정도로 생계가 되지 않았다. "생각해 보라, 선수들밖에는 축구화 고칠 사람이 없지 않았나. 그저 시합 열릴 때면 축구장에 가서 고쳐주고 돈 받고 했다."

그런데 1983년 5월에 프로축구가 탄생하더니 멕시코 〈세계청소년축구선수권대회〉에서 박종환의 '붉은 악마' 군단이 4강에 올라버린 것이다. 전국 방방곡곡 동네마다 조기축구회가 속속 탄생했고, 김철의 축구화 병원에는 환자들이 몰려들기 시작했다.

대량생산되는 축구화들은 치수가 표준화돼 있다. 예컨대 275밀리미터와 270밀리미터 사이의 사이즈는 없다. 또 너비도 규격화돼 있다. "신발이라는 게 그래, 발에 신발을 맞춰야지 신발에 발을 맞출 수는 없거든. 그래서 선수들이나 동호인들이 새 신발 대신에 자기가 신던 신발을 고쳐 신는 거야. 그게 편하니까."

새 축구화를 산 즉시 김철에게 택배로 보내는 사람도 있다. 신발 볼을 4밀리미터만 늘려달라, 길이를 6밀리미터만 줄여달라 같은 구체적인 주문도 있고 "도저히 신발이라고 봐줄 수 없는 걸레 같은" 신발을 고쳐달라고 들고 온 사람도 있다. 그러면 김철은 그 신발들을 분해한다. 끈을 풀고, 흙을 털어내고 안창을 떼고, 밑창을 떼고, 중창을 갈고 역순으로 재조립하고……. "동대문에 앉아서 제주도 흙먼지까지 다 마신다"고 했다. 흙먼지, 가죽 먼지를 마시지 않으려고 콧수염도 길렀다.

신발을 보면, 그 사람이 보인다. 바깥이 닳은 사람은 안짱다리다. 밑창이 앞뒤 골고루 닳은 사람은 100퍼센트 비만이다. 날렵한 선수는 발뒤꿈치를 들고 달리지만 과체중은 그럴 수가 없으니 그리 된다. 좁은 가게에 앉아 전국 흙냄새를 다 맡아보고, 신발 주인의 몸놀림까지 짐작을 하게 되었으니 과연 신기神技를 소유한 장인이 아닌가.

" 이게 중요해. 중심 잡는 거.
신발이건 인생이건 세상이건
중심을 꽉 안 잡으면 불량품 되는 거다. "

축구화 수선의 기일을 맞추는 장인, 김철

아침 8시에 시작해 새벽 1시에 일과가 끝난다. 지금은 무릎을 다쳐 그만두었지만, 이북5도민 대표로 전국 축구경기에 나가는 날은 문을 닫았다. 일요일 새벽에 조기축구회 시합을 마치면 서둘러 가게 문을 열었다. "그러지 않으면 기일을 맞출 수가 없다"고 했다. 신발 하나 수선에 '기일'이라고?

낡은 축구화가 들어와 새 신발로 둔갑해 나가기까지 5일이 걸린다. 주문을 받으면 수선해서 옆에 모아뒀다가 수요일이랑 토요일 이렇게 두 번 출고를 한다. 더도 덜도 아니라 수요일에 40개, 토요일에 30개씩. 하나에 2만 4천 원을 받으니, 한 달 벌이가 대략 670여만 원이다. 도심 한가운데에서 상가 임대료 내고 자영업을 하면서 가족 네 명이 생계를 유지하기에는 조금 버겁다.

"그러다 보니까 다른 가게들은 하루에 30개씩 수선을 한대. 그러면 당연히 부실공사가 되지. 사람들이 그런 데 가겠어? 그런 데 가서 수선했다가 다시 나한테 오는 사람도 많아. 그냥 접착제로 붙이기만 하면 되는 줄 아는데, 잘못 붙이면 신발이 바나나가 돼. 그냥 휘어지는 거지. 그런 걸 누가 신어. 나 조금 불편하면 남이 편해지잖아. 그래서 나는 일주일에 딱 70개 수선하고 365일 일하거든. 흠, 그게 바로 해병대 정신이지." 김철은 자꾸 해병대 정신을 들먹이며 방위 출신인 나를 좌절시켰다.

그는 수선공이 아니다. 자부심 가득한 장인이다.

수리공이 아니다, 장인이다

　　잠시 그가 작업하는 모습을 지켜보았다. 푸른색 셔츠에 잘 다듬은 수염, 그리고 칼라 왼쪽에는 해병대 배지가 꽂혀 있다. 잘 빗어 넘긴 은발과 큰 눈망울, 그리고 작업용으로 허리에 두른 가죽 앞치마. 먼지 켜켜이 앉은 작업실에서 일하는 수선공이 아니다. 자부심 가득한 장인이다. 수선을 기다리고 있는 축구화들이 선반에 즐비하고, 도구함으로 쓰는 깡통에는 자장면 먹고 깨끗하게 세척한 나무젓가락들이 가지런히 꽂혀 있다. 아들 주원[33]이 말했다. "우리 집은 온통 골동품 천지다. 아버지가 늘 재활용품만 쓰시니까." 주원도 그리고 그의 동생 주현[32]도 아버지 뒤를 잇겠다고 지금 기술을 배우는 중이다.

　　장인이 까맣게 때가 낀 손톱으로 가죽을 쥐고 망치로 가죽을 두드린다. 세도 안 되고 약해도 안 된다. 그리고 '고조리'라는 집게처럼 생긴 연장으로 신발 중심을 맞춘다. 1965년부터 쓰던 연장이다. 쇳덩이가 동그랗게 닳아 있다. 그가 말했다. "이게 중요해. 중심 잡는 거. 신발이건 인생이건 세상이건 중심을 꽉 안 잡으면 불량품 되는 거다."

　　축구 선수가 되지 못한 한풀이를 위해 김철은 47년 동안 스스로를 두 평 반짜리 작업실에 가둬버렸고, 그리하여 그는 대한민국에 보기 드문 축구 신발의 장인이 되었다. "돈 벌려면 공장 차렸지.

기계로 팍팍 찍어내서 팔면 벌써 부자 됐어. 내가 좋으니까 하는 거지. 여기 있으면 돈 쓸 일도 없잖아."

화끈했다. 사진을 찍고 장비를 챙긴 뒤 작별인사를 하는데, 이 장인은 악수 한 번 쓱 하곤 뒤도 돌아보지 않고 곧바로 작업대에 앉아 망치를 집어 드는 것이었다. 화요일, 그러니까 내일까지 기필코 40컬레를 출고해야 하는 날이었다.

동쪽으로 걸어 걸어 태백산을 넘어 바다로 가거라.
바다 건너 또 다른 뭍에 닿거들랑 그 뭍을 뛰어넘어 걸어가거라.
바다가 마르고 강바닥에 해가 지면 네가 바로 산이고 네가 바다다.

카메라 명장 김학원

김 학 원

한 사진가가 말했다. "이 사람은 사진계에 우뚝 솟은 산이요, 보물이다. 정부가 인정하지 않은 무형문화재다. 그가 없으면 우리 사진가들은 어떡하나. 그래서 우리는 그런다. 제발 힘들게 하루 종일 일하지 말고 쉬면서 꼭 건강 챙기시라고."

여기에서 '이 사람'의 이름은 김학원[58]. 서울 중부경찰서 앞에서 작은 카메라 수리점 '중앙카메라'를 운영하는 사람이다. 최종학력은 초등학교 졸업이다. 그런데 작업대 앞에서 40년 넘게 세월이 흐르니, 사람들은 그를 '명장 名匠'이라고 부른다.

사망선고를 받은 카메라들이 그의 손에서 부활해 세상을 향해 눈을 부라리는 것이다. 인터넷 사진동호회에 "도와주세요, 아버지께서 주신 카메라가 고장났어요"라고 누군가가 SOS를 띄우면 곧바로 "김학원 사장에게 보내세요"라는 댓글이 무더기로 뜬다. "당신이 죽더라도 카메라 고쳐줄 그 두 손만은 무덤 위로 빼놓고 묻어야겠다"는 엽기적 위협을 가하는 사진가들도 있다.

김학원은 카메라를 구원한다

"가방 끈도 짧은 저를 만나서 뭘 들으시겠다고……." 전화로 인터뷰를 청했을 때 그가 한 대답이었다. 이미 '필름'을 고집하는 사진 동호인들을 통해 김학원의 수줍은 성품에 대해서는 충분히 들은 터였다. 중원中原의 무명 검객이 비무장한 '강호의 고수'를 만났을 때 느끼는 야릇한 흥분감이 느껴졌다. 나는 무조건 그가 있는 작업실로 쳐들어갔다.

가파른 계단을 올라 작은 건물 3층에 있는 작업실에 들어서니 아담한 체구를 가진 김학원이 악수를 청한다. 뒤로 옆으로 카메라 부품들이 빼곡하다. 책상 위로는 흔히들 세계 최고품이라고 말하는 '라이카Leica' 카메라와 렌즈들이 내장을 죄다 토해내고 쓰레기더미처럼 쌓여 있다. 김학원은 그 처참한 지경에 빠진 기계들을 '하루에 한 대씩' 구원해 낸다.

"내 고향 경북 문경군 점촌면에는 당시에 라디오도 제대로 없었습니다. 연속극 할 때가 되면 라디오 있는 집에 마을 사람들이 모여서 함께 들으며 '이 조그만 기계 안에 도대체 사람이 몇 명이나 들어 있는 거야!'라고 감탄하곤 했다."

7남매를 낳고 살던 김학원의 부모도 똑같이 가난했다. 둘째

였던 김학원은 "당장 돈 안 되는 공부를 왜 해야 하는지 도무지 이해가 되지 않았다"고 했다. 대신에 손재주는 좋아서 시계를 뜯었다 조립했다 하고 스스로 신기해 하며 살았다고 했다. 그러다 초등학교를 졸업한 그를 대전 사는 삼촌이 데려가 시계방에 취직시켰다.

1980년대까지도 시계상은 카메라상을 겸한 곳이 많았다. 김학원은 시계방 다락에서 먹고 자며 일했다. "어느 날 청소하다 보니까 주인 책상에 일제 카메라 하나가 낱낱이 분해돼 그릇 속에 담겨 있었다. 주인이 분해는 해놓고 재조립할 엄두를 못 낸 거지. 주인은 퇴근하고, 나는 다락방에서 잠도 안 오고……."

그래서 밤새 카메라 부품들을 연결해 감쪽같이 카메라를 재조립해 놓았다. 작동은 되지 않았지만, 다음날 경악한 주인은 이후 카메라 수리는 그냥 자기한테 맡겨버리더라고 했다.

가난했던 1960년대, 1970년대에 카메라는 가보 1호였다. 베트남전 파병 전사들은 하나같이 일제 야시카 카메라를 들고 귀국했다. 그런 가보가 고장 났으니, 수리를 맡긴 사람들이 달랑 카메라 던지고 돌아갈 리는 만무했다.

"부품 바꿔치지 않나 하고 내 등 뒤에서 감시하는 거다. 뭘 알아도 남이 보면 신경이 쓰이는데, 아무것도 아는 게 없는 어린놈이 감시당하면서 일을 하자니, 참." 그러했기에 그는 오히려 남보다 빨리 기계를 이해하게 됐다고 한다. 태어날 때부터 있던 눈썰미와 손재주에 "못 고치면 일자리 끝"이라는 절박감이 어울려 불과 몇 년 사이에 그는 대전에서 이름을 날리는 카메라 수리공이 되었다.

"그런데 세 끼 밥 주고 재워주면 끝인 거다. 그때는 남들도 다 그렇게 살았지만, 너무 지겨워서 고모 사는 서울로 무작정 올라왔다." 그는 그 정확한 연도를 기억하지 못했다. "그런 숫자 외울 짬 있었으면 공부를 했겠지"라고 말하며 그는 또다시 눈길을 손으로 돌린다.

내가 틀렸을 때가 제일 짜증나는 순간

일주일 만에 동대문에 있는 카메라 가게에 자리를 얻었다. 드문드문 들어오는 수리거리 고쳐주고 생계를 꾸려갔다. 그가 말했다. "내가 배운 게 없잖나. 카메라에 대해 뭘 공부하고 싶어도 능력이 없으니까 무조건 카메라 뜯어가며 독학을 했다. 기계라는 게 단순하다. 회전운동하거나, 왕복운동하거나 다른 부품 고정시키거나. 그 원리를 카메라를 보면서 공부했다."

숫자고 도면이고, 봐도 모르니 김학원에게는 아예 필요 없었다. 오로지 몸에 퍼붓는 경험이 전부였다. 회전할 거 회전하게 만들고, 왕복할 거 왕복하게 제자리 찾아주면 기계가 살아나는 것이니, 그 원칙만 살려주면 어김없이 값비싼 카메라가 부활했다.

"할 줄 아는 게 이것뿐이니 굶어 죽지 않으려고 열심히 했고, 배운 게 없으니 혼자 깨달을 때까지 죽어라고 했다"고 했다. 힘들어

김학원이 제작한 KH1.
설계도면도 없이 3년 동안 선반으로 쇠를 깎아 만들었다.

서 '이번에는 이만큼만 고쳐주고 다음에 또 고쳐주지'라는 생각이 들 때가 제일 싫었고 "재수리 의뢰가 들어와 분해해 보니 내가 틀렸을 때가 너무너무 짜증이 난다"고 했다.

그에게 오는 카메라들은 1980년대 이전에 생산된 '구닥다리'들이다. 라이카M 시리즈, 렌즈가 두 개인 롤라이플렉스, 중형카메라의 '로망' 핫셀블라드 기타 등등. 하나같이 사진 품질은 지상 최고지만 노쇠한 기계다. 낡았어도 한 대 가격이 요즘 카메라 여러 대에 달하는 고가품이다.

수리 의뢰가 들어오면 김학원은 조용히 필림돌리개^{와인더}를 돌리고 셔터를 눌러본다. "손 느낌과 소리를 들어보면 대충 문제가 어딘지 안다"고 했다. 진단을 마친 카메라들은 작업대 위에서 적나라하게 해부된다. 카메라 주인이 본다면 억장이 무너질 정도다. 김학원은 겁이 없다. 이미 10대 때부터 수만 번 저질러온 '창조를 위한 파괴'가 아닌가.

다른 데 가지 말고, 그냥 김학원에게 가라

기름칠할 부품은 하나하나 기름을 칠하고, 먼지 닦아내고, 구하지 못할 부품은 선반으로 쇠를 깎아 만든다. 그리고 재조립을 한다. 카메라 하나를 구성하는 부품이 수백 가지이니, 분해도 어렵고 조립도 어렵고, 고장 난 부품 찾는 것은 더 어렵다. 12년 전 김학원은

"할 줄 아는 게 이것뿐이니
굶어 죽지 않으려고 열심히 했고,
배운 게 없으니 혼자 깨달을 때까지 죽어라고 했다."

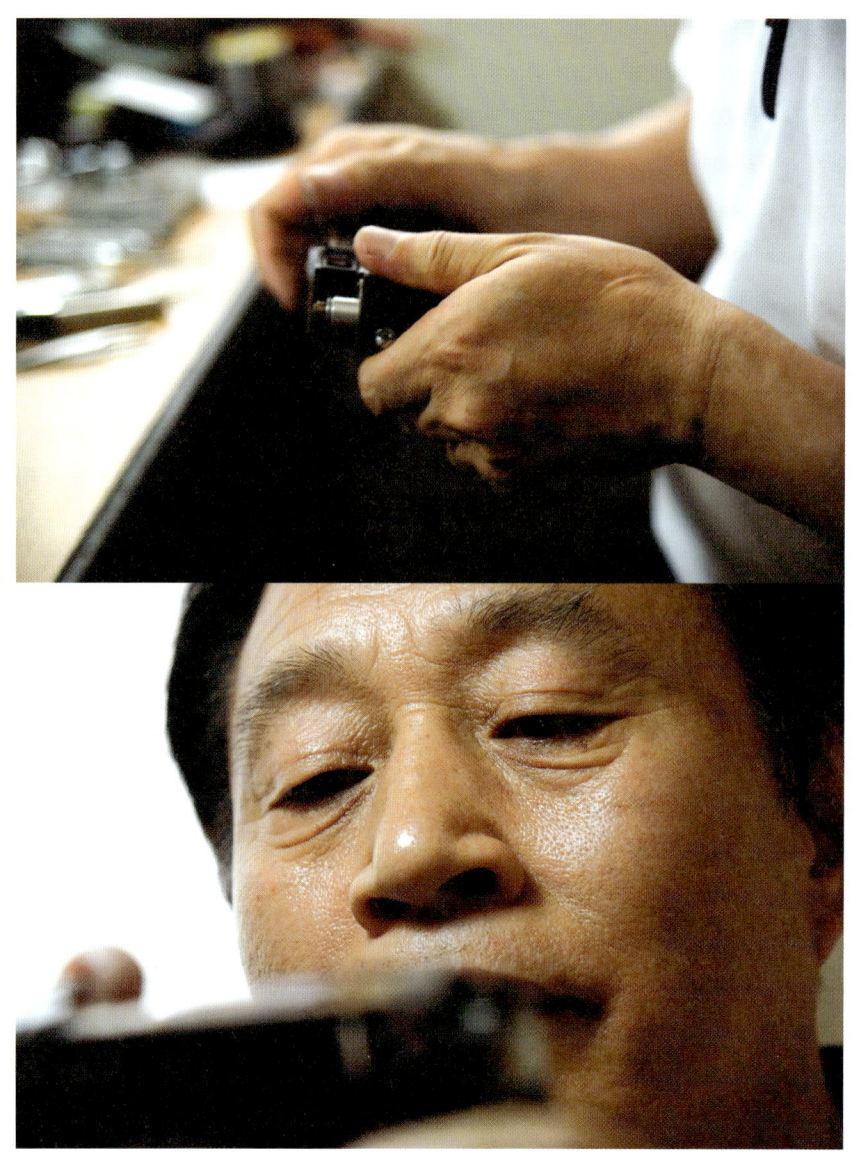

" 하루에 몇 대씩 염가에 고쳐준다는 사람들,
도저히 이해가 가지 않는다."

아예 선반 하나를 사서 부품을 제 손으로 깎았다. 선반 기술 또한 독학이다. "아침에 작업 시작해서 수선하고 조립 끝내면 다른 카메라 하나 분해할 시간이 남는다"고 했다. 그러니까 하루 딱 한 대다.

김학원은 "하루에 몇 대씩 염가에 고쳐준다는 사람들, 도저히 이해가 가지 않는다"고 했다. 그런 데에서 수선받고, 싸우고, 결국 김학원의 손으로 인도되는 카메라들이 한두 대가 아니다. 사람들은 "다른 데 가지 말고, 그냥 김학원한테 가라"고 했다. 자연스럽게, 낡은 카메라 마니아들은 김학원을 찾게 되었다.

렌즈 아답터(서로 다른 브랜드의 렌즈와 카메라를 연결시켜 주는 기구)가 다른 데 가면 5만 원이지만 '김학원표' 아답터는 20만 원이다. "1밀리미터의 오차도 없이 정확하다"고 한다. 그런데 하루 한 대다. 돈이 되겠는가? 김학원은 "대충하는 꼴은 못 보니까, 끝장을 봐야 하는 성질 때문에 그렇게밖에 되지 않는다"고 했다. 그래서 카메라 수선 입문 이래 지금까지 "쌀 꾸러 다니지 않는 게 다행일 정도로 가난하다"고 했다.

숫자에 어둡지만, 그는 1980년이라는 연도를 정확하게 기억했다. "빨리 고쳐달라, 깎아달라 하는 사람들이 싫었다. 나도 나름대로 전문가인데 불량품 만들라고 주문을 해대니. 그해 어느 날에는 새 카메라 하나 사서 망치로 부숴버리고 싶을 정도로 카메라가 싫어져버렸다." 그래서 아무것도 하지 않고 1년을 쉬었다가 다시 작업대 앞

261

에 앉았다. 왜? "이거라도 하지 않으면 굶어 죽으니까."

카메라 명장 김학원의 외길 인생은 그리 되었다. 누가 점지해준 운명도 아니었다. 손재주와 가난과 집착이 두루 얽혀 정신없이 살다 보니 어느덧 그는 명장이 되었다.

김학원 외길 인생의 보답, KH1

2008년 5월, 그는 카메라 한 대를 '제작'했다. 중형필름(일반 35밀리미터 필름의 네 배 크기다)을 쓰는 '자그마한' 카메라. 손님 가운데 하나가 'KH1'이라고 모델명을 지어줬다. '김학원^{K}이 수공$^{Hand\ made}$으로 만든 세상에 하나뿐인^1 카메라'라는 뜻이다. 설계도면도 없이 3년 동안 선반으로 깎아 만든 작품이다. 〈라이카 M 시리즈〉를 닮은 KH1을 바라보는 그의 눈에 벅참과 설렘이 가득했다.

"세상이 하도 디지털 시대다 보니, 아날로그 시대를 그리워하는 사람들이 또 생겨나는 거 같아. 왕창 찍어서 확인한 즉시 마음에 안 드는 거 지워버리고, 맘에 드는 건 인터넷에 올리면 바로 프린트해서 배달까지 해주고. 편하지만, 필름으로 한 장씩 찍어서 현상소에 맡기고 하루 이틀씩 가슴 콩닥거리며 기다리던 그 재미는 사라졌고." 그래서 '정성 들여' 찍고 '가슴 두근거리며' 기다리는 느림의 미학이 조금씩 부활하고 있다는 것이다. 김학원은 그래서 기쁘다고 했다.

"조목조목 창피한 인생인데 들어주셔서 감사합니다." 장비를 챙기는 내게 박카스 한 병을 내밀며 그가 말했다. 창피하시다고? "스스로 평가할 때 대한민국에서 순위가 어느 정도이신지?" 명장이 입가에 슬며시 미소를 피워 올렸다. "배운 게 없어서……."

▎새 한 마리 메마른 강 위로 날아올랐다. 끝없이 펼쳐진 붉은 강바닥.
이윽고 강에 살던 새는 강을 떠난다. 비상한다. 하늘로 솟구쳐 너른 바다로 간다.
신영수, 지금 바다를 향해 항해 중이다.

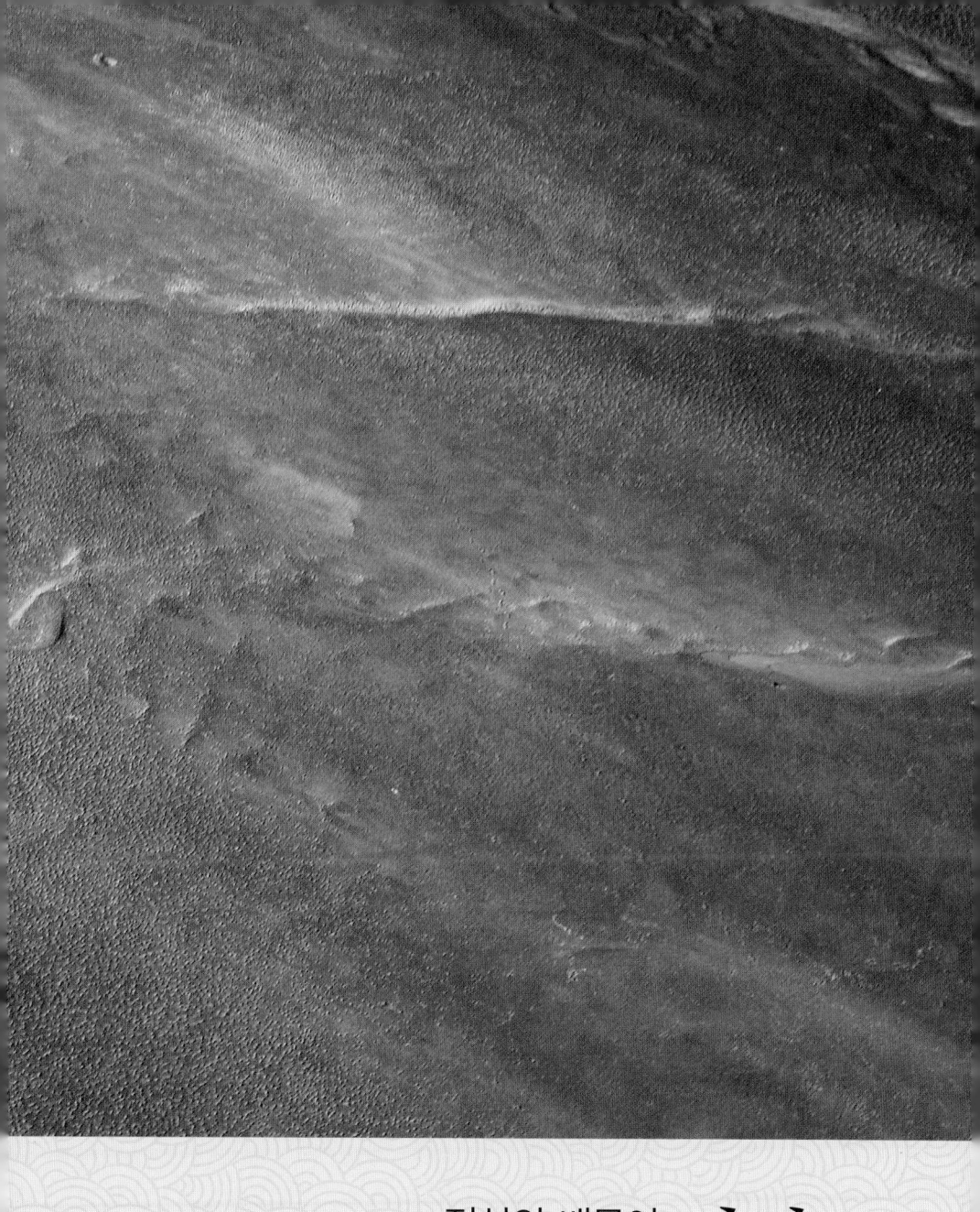

전설의 배무이 신영수

신영수

이북^{以北}에서는 배 만드는 사람을 '배무이'라고 한다. 북한 피란민들이 전라남도 목포로 내려와 배를 만들면서 남도에서도 배 만드는 사람을 배무이라고 불렀다. 목포에 사는 신영수[63]는 배무이다. 가난해서 중학교를 2학년 때 중퇴하고 배를 만들었다. 올해로 49년째 그는 배를 뭇고 있다. 신영수가 말했다. "정석을 배우지 않고 응용부터 하게 되면 배는 침몰하는 것이여." 전설적인 배무이, 신영수 이야기.

아버지는 배무이들이 모여 살던 목포 삼학도 근처 제재소 직원이었다. 나무를 켜면 배무이들이 가져가 목선을 만들었다. 동력선에 끌려가 망망대해에 닻 내려놓고 하염없이 고기를 잡는 멍텅구리 배였다. 가난한 시절, 어업은 활황이었다. 배무이도 활황이었다. 가난한 아버지는 가난한 아들 손을 잡고 배무이 밑으로 들여보냈다.

정신없이 일했다. 나무를 나르고, 밧줄을 자르고, 비질을 하고, 쌀도 팔아오고, 온갖 잡일을 다 했다. 그는 피란민 출신 배무이들에 둘러싸인 유일한 목포 사람이었다. 그래서 이북 사투리 모른다고 맞기도 엄청 맞았다. 그러나 정작 돈이 되는 '배 뭇는 법'은 아무도 가르쳐주지 않았다.

신영수는 작심을 하고서 강대현이라는 배무이 집으로 들어갔다. 목포에서 하나뿐인 선박 설계사였다. 종살이 3년 만에 강대현은 그에게 종이와 자와 연필이 들어 있는 공구통을 건넸다. 그는 그때부터 배를 설계할 수 있는 기법인 현도법現圖法을 가르쳐주기 시작했다. 스승이 일러 말했다. "수평과 수직을 맞춰라, 그게 기본이다."

또 다른 설계사가 죽고 그가 간직하고 있던 현도법 교본을 물려받았다. 일본어로 된 교본이라 읽지는 못했지만 도면과 숫자를 보면서 현도의 비밀을 하나 둘씩 풀어나갔다. 이 교본은 지금 목포대학교 해양공학과에 보관돼 있다. 나이 스물이 되기 전, 신영수는 목포 최고의 목선 설계사가 되었다.

목선의 퇴출과 FRP선의 등장

신영수가 스물다섯 늦은 나이에 군대를 갔다 와보니 목선의 세상은 이미 끝장이 나 있었다. "FRP선이 등장했다. 강화 플라스틱을 주물에 부어서 만드는 가볍고 빠른 배다. 목선은 경쟁이 되지 않으니, 배무이들한테서 일감이 사라지고 말았다." 그가 회상한다.

종살이 해가며 어렵게 배운 기술인데 아무도 목선을 사러 오지 않았다. 그러나 그 어마어마한 위기가 오히려 기회가 됐다. FRP선 주물을 만들기 위해서는 목형이 필요하다. 나무로 배 틀을 만들고, 거기에 플라스틱을 부어 선박을 만든다. 나무로 만드는 배 틀, 그게 바로 목선이었다. 목형 만들어달라고 천지사방에서 신영수에게 몰려 왔다. 제주도, 부산, 포항, 인천, 울릉도에서도 그를 찾았다. 신영수 는 스승에게 배운 대로 정석과 기본을 지키며 목형을 만들어줬다. 그 리고 깨우친 또 하나의 원리가 '응용'이었다.

"바다마다 성격이 다 달라. 동해는 파도가 거칠고 빨라. 그런 바다에서는 배 선수를 높게 만들어야 침몰하지 않는 거여. 제주도 바 다도 비슷했고. 서해는 북서풍이 부니까 옆 파도가 세지. 배가 넓어 야 해. 앞머리는 낮아야 하고."

똑같은 용도를 가진 배도 그렇게 응용해야 바다를 거침없이 항해한다. 기초를 제대로 알아야 응용이 되고, 응용할 때엔 정석을 버려야 한다는 명제를 바다가 가르쳐줬다. 신영수는 조금씩 전설이 되어갔다. "신영수한테 배웠다"고 하면 무조건 조선소 취직이 보장 됐고 "신영수가 그렇게 말했다"고 우기면 아무리 틀린 이론이라도 감히 반박하지 못했다.

신영수는 1988년에 자기 조선소를 차렸다. 이름은 '삼아三亞 조선소.' 세계는 몰라도 아시아에서만큼은 최고의 기술로 배를 만들 겠다고 결심했다. 또 있다. "작업을 하면서 후배들한테 이것저것 가르쳐줬다. 나중에 보니 그 친구들이 돈을 더 벌더라. 아, 나도 내 조선소를 만들어야겠다는 생각이 들었제."

신영수의 기술을 믿은 주위 사람들이 돈을 대줬다. 신나게 일했다. 한때 연매출이 12억 원까지 오른 적도 있었다. 조선소 직원이 50명이 넘어 기숙사를 만들기도 했다. "가난으로 시작했지만, 배 뭇는 일이 좋아서 더 열심히 했고, 그 덕에 돈도 벌었으니 정말 행복했다." 주름이 자글자글한 신영수가 그때를 회상하며 웃는다.

그런데 1998년 1월 8일, 조선소에 불이 났다. 누전이었다. 백주 대낮에 신영수가 보는 앞에서 전 재산이 녹아버렸다. 가건물이라 보험도 들지 않았던 조선소였다.

저항 못 이기면 배는 침몰하제

"거짓말 한 적도, 나쁜 짓 한 적도 없는데 나한테 왜……." 직원들이 보면 슬플까봐 남 안 볼 때 울었다. "신영수 부도내고 도망갔다"는 소리 듣기 싫어서 새벽같이 시커먼 사무실로 출근해 별을 보고 퇴근했다.

같은 자리 새로 만든 사무실에 앉아서, 그가 말했다. 목소리가 비장했다. "바다의 저항계수를 줄이는 게 배 만드는 요체요. 저항계수가 0인 배는 없지. 그러면 그게 밴가, 확 날아가버리제." 인생도 그러하다고 했다. "배무이가 고깟 불 한 번 났다고 저항에 무너지면

배를 바다로 내보내는 철로. 지금은 그리 많이 사용하지 않는다.

신영수는 마지막 남은 배무이다. 중학교를 중퇴하고 배무이가 된 신영수,
지금은 대한민국 최고의 선박 건조자가 되었다.

안 돼제. 내 이름이 뭐여, '납 신申'에 '헤엄칠 영泳'에 '물가 수洙' 아닌가. 천상 배무이 해야제."

그래서 전설이 다시 일어났다. 수주 받았다가 녹아버린 배들을 모두 다시 만들어줬다. 의리 있는 선주들이 그의 재기를 기다려줬다. 그 사이에 아내는 보험설계사로 일했다. 쌀이 떨어져 10킬로그램짜리 쌀을 팔아먹기도 했다. 술자리가 생기면 약속 있다며 피하기도 했고, 밥 때가 되면 "나는 벌써 먹었다"고 도망가기도 했다. 5년 동안 그야말로 죽을 고생을 했다.

그 무렵 조선소 이름을 '신영 조선소'로 바꿨다. 이제 내 이름 걸고 배를 만들 것이다. 신영수가 만든 배는 어느 바다든 거침없이 달렸다. 문선명 통일교 총재의 어선인 '천승호'를 사진 한 장과 길이, 폭만 알고서 석 달 만에 모형선으로 복원시켜 주기도 했다.

2002년, 목포대학교 해양공학과에서 의뢰가 들어왔다. '강의를 부탁한다'고. 중학교 중퇴가 전부인 배무이가 대학생들에게 강의를 했다. 과목은 '모형선 제작'. 신영수가 공책 하나를 꺼냈다. 막 산 듯한 깨끗한 공책 뒤쪽에 강의 노트가 있다. 모두 일곱 페이지다. "여기에 내 인생이 다 있어. 이거면 배 만들지. 나머지는 다 내 머릿속에 있고."

종살이 하며 배웠던, 조선소 불내며 배웠던 그 이론들을 학생들에게 가르쳤다. 2010년까지 300명 넘는 학생들이 그에게서 배를 배웠다. "늘 강조하지. 정석을 먼저 배우라고. 그 다음에 응용을 하라고. 자기 배를 만든다는 생각에, 아이들이 정말 진지하게 내 말을 듣제." 늙은 배무이 얼굴에 자부심이 가득하다.

군산대학교에도 특강을 나갔다. 그가 특허를 낸 '세미제트 동력선' 강의였다. 수면 아래에 프로펠러가 절반 정도 잠겨 있는 날쌘 선박이다. 제주대학교와는 친환경 전기 동력선 개발을 함께할 예정이다. 2008년에는 오늘의 그를 만들어준 일본 교재 《목선의 현도

신영수의 대학 강의 노트와 그의 손.

법》을 목포대학교와 함께 번역했다.

배무이의 넋두리

"기술자라는 게 그래요. 기술이 좋은 거라. 돈이 안 보이는 거지. 배무이는 그저 좋은 배를 탐내고 그 기술을 익히려고 사는 거여. 그러다 보니까 놀러를 가도 산에 안 가고 바다만 가지, 허허. 바다 가보면 내가 만든 배는 척 알아봐. 안 그러면 배무인가, 그게. 좋은 배 잘 만들고, 고등학교도 안 나온 사람이 대학에서 가르치고……. 돈 빼고는 다 이뤘지. 돈 빼고 전부. 그래도 가장이라는 것이 집에 경제를 줘야 하는데, 그걸 못 했어. 마누라 고생시키고. 불 나고서 애들한테 그랬어. 이제부터 아버지 없는 줄 알아라. 인생 니들이 사는 것이다. 그래서 우리 아이들은 학비도 취직도 다 지들이 다 알아서 했어. 대견해…….”

어업은 어렵다. 목선은 더 이상 바다로 가지 않는다. 지구온난화로 어장이 바뀌며 신영수의 조선소에도 불황이 닥쳤다. 우리 나이로 예순넷인 노^{老} 장인과 마흔 넘긴 나는 지구온난화와 어민들을 한참 걱정했다.

그러다 나를 힐끗 보며 신영수가 말했다. “나 같은 사람 많이 만나봤을 거 아니여. 짐작컨대, 다들 못살지? 그냥 자기가 좋아서 자기 일 하고 살지?”

돈 빼고 다 있는 사람, 전설의 배무이 신영수였다.

그는 돌을 만나
스스로
돌이 되었다.

제주 석장 장공익

장공익

제주도 사람 장공익[79]은 석장石匠이다. 돌섬 제주에서 현무암을 깎아 돌하르방을 만들고 제주의 삼라만상을 돌에 각인한다. 나이 스물여섯에 시작해 2010년으로 53년째다. 옛 소련 대통령 고르바초프를 비롯해서 제주도를 찾은 국빈들은 어김없이 그가 만든 돌하르방을 선물 받았다.

지금은 명장名匠 칭호를 받고 있는 장공익이 말했다.

"이제야 먹고살 만해졌지만, 젊을 적에 돈도 안 나오는 돌에서 손을 못 뗀 거는 나도 알지 못하는 수수께끼라. 돌 앞에 서면 아픈 몸도 낫는 거 같고, 눈만 뜨면 돌에 매달리게 되니 돌하고 내가 이게 무슨 인연인가 아무리 생각해도 수수께끼야. 내 머리가 돌이 된 거 아닌가 할 때도 많아."

돌섬에서 태어나 평생을 돌과 함께 살아온 노老 장인 이야기.

한라산 기슭 한림읍 상대리에 지금은 사라진 마을 한산왓이 있었다. 열여섯 집이 사는 그 마을에서 장공익이 태어났다. 위로 형과 누나가 아홉 명이 있었는데 모두 요절했다. 어머니가 열 번째 아이를 잉태하자 부모는 절도 다니고, 무당도 찾아다니며 "제발 이 아이만은 제 명을 누리게 해달라"고 기도했다.

아버지는 "아이를 무당에게 보내면 오래 산다"는 말에 아예 육지에서 무당을 모셔왔다. 장공익은 갑돌이라는 무당 자식으로 자랐다. 여동생이 둘 더 태어났는데, 그 중 한 명도 일찍 죽었다. 아버지도 일찍 하늘로 갔다. 처절하고 가난했다.

장공익은 한 달에 두 번씩 무당에게 가서 인사를 했다. 쌀 한 말과 베 한 필을 이고 지고 돌담을 넘어 세 시간씩 걸어갔다. 밭 갈던 어른들은 "저거 꼭 가마귀 같다"며 측은해 했다. 장공익이 말했다. "그때 내가 하도 고생을 해서 키가 안 큰 모양이라." 노 장인은 키가 5척 단신, 155센티미터다.

그는 아버지 없이 홀어머니와 여동생을 부양하며 초등학교를 다녔다. 키우던 소 머리에 등불을 달아놓고 밤새 돌밭을 간 적도 있다. 해방이 되고 다섯 달 학교를 다니며 한글을 배웠다. 3년 뒤 제주에 4·3사태가 터지면서 고향 한산왓 마을은 토벌대가 불태워버렸다. "외로운 각지 사람들이 모여 살던 마을인데, 불타고 나서 뿔뿔이 흩어졌다"고 했다. 토벌대가 빨치산을 솎아내는 작업은 "구둣발로 밟고, 개가 물어뜯고…… 사람이라면 도저히 할 수 없는 짓"이라고 했다. 그때 장공익의 나이 열일곱이었다. 같이 조사받던 300여 명 가운데 장공익과 또 다른 사람 딱 두 명만 살아남았다고 했다.

전쟁 와중인 1952년, 장공익은 해병대에 입대했다. "군대 가면 못 돌아온다"는 말에 서둘러 혼례를 치른 뒤 사흘 만에 훈련소로 떠났다. 연평도, 철원 등지에서 6년을 근무하고 돌아와 보니 어머니가 세상을 떠나고 여동생 하나만 남아 있었다.

돌과 인연을 맺었다

입에 풀칠할 방도가 막막한데, 문득 어릴 적 기억이 되살아났다. "개울가에 가면 속돌이라는 돌이 있었어. 야자수 아래에 앉아서 그 부드러운 돌을 갈면서 뭘 만들었던 기억이 나는 거야." 그래서 장공익은 속돌로 작은 돌하르방을 만들었다. 1957년, 스물여섯 살 때였다. 하르방도 만들고, 해녀도 만들었다. 불티나게 팔렸다. 그런데 딱 일 년 지나니까 제주 곳곳에서 속돌로 기념품 만들어 파는 사람들이 생겨났다.

장공익이 말했다. "몇 년을 속돌로 계속 기념품을 만들었는데, 아무리 생각해도 문제가 있었다. 그래서 나는 거기서 한 차원 높이자고 마음먹었다. 남들이 다루기 힘든 거로 하자. 그래, 현무암이다." 훗날 그를 명장의 경지에 올려놓은 현무암과의 만남은 그렇게 시작됐다. 고행길의 입구이기도 했다.

현무암은 단단하고 질기다. 돌마다 결이 있어서 결을 맞추지 못하면 망치질 한 번에 박살이 나버린다. 그래서 속돌로 하루 30개 만들던 돌하르방을 많아야 두 개밖에 만들지 못했다. 벌이도 줄어들었다. 구멍 숭숭 뚫린 까만 돌로 만든 기념품은 관광객들도 외면했다. 그래서 짬짬이 속돌 기념품도 개발해 생계를 꾸렸다. 창작한 기념품은 경진대회 나가면 해마다 1등을 차지했다.

"내가 배운 건 없는데 손재주는 있었다. 재주는 뱃속부터 타고난 거 같아. 돌하르방, 넝쿨 모자, 석고 제품, 자개 제품 골고루 상 타먹었다. 이듬해에는 똑같은 모사품이 나와서 돈은 크게 벌지 못했지만. 허허."

그런데 만들어놓고 보니 기분이 좋은 것이다. 돌섬 제주의 현무암으로 만든 제주의 얼굴이 끌과 망치를 내려놓는 장공익의 눈앞에서 웃는 것이다. 그래서 1970년에는 작은 기념품용 하르방 대신에 1미터짜리 대형 하르방을 만들기 시작했다. 그가 말했다.

"내 자신도 수수께끼다. 다른 걸 하면 밥 더 먹는데 돌에서 손을 못 뗀 거. 지금은 돌 제품이 좋게 평가되고 있지만, 젊었을 때 20여 년은 밥도 못 얻어먹는 돌에 매달렸다는 게 나도 의심스러운 일이야. 먼지 뒤집어쓰고…… 먼지 먹고…… 제일 힘든 일이 돌 일인데, 그 당시에는 어떻게 해서 한 20년 이상 끌어왔는지 나도 모르겠어. 그러다 보니 그저 돌에 대해서 도가 터버렸다."

" 제주에서 나서 제주 돌로 이렇게 제주를 만드니까 좋아."

중산간 고향에서 쫓겨나 바닷가로 내려온 장공익은 말없이 하르방을 만들었다. 해녀도 만들고 재떨이도 만들고 연자방아도 만들었다. 관광객이 사가기에는 턱없이 큰 작품들이었다. 재고가 쌓여갔다. 1980년대 후반, 사람들은 작은 기념품들을 구입하곤 뒤뜰에 들어갔다가 입을 다물지 못했다. 자그마치 1천 점이 넘는 웅장한 제주의 문화가 거석^{巨石} 무리 속에서 숨을 죽이고 있었다.

입소문이 소문을 부르고, 소문은 관가까지 알려져서 장공익의 가게는 이름이 나기 시작했다. 1993년 그는 가게 뒤편 너른 땅을 빌려 야외공원을 만들었다. 한림읍 금능리에 있는 '금능석물원'은 그렇게 재고 1천 개로 시작됐다.

그해에 장공익은 석공예 명장에 선정됐고, 신지식인으로 뽑혔다. 그해 수교한 소련의 고르바초프 대통령이 제주를 찾았을 때, 정부가 준 공식선물이 장공익의 돌하르방이었다. 빌 클린턴 전^前 미국 대통령, 하시모토 전^前 일본 총리, 오칠바르트 전^前 몽골 대통령, 주룽지 전^前 중국 총리 기타 등등 장공익의 하르방을 받은 정상들은 일일이 그 이름을 손꼽기가 벅찰 정도다.

이제는 제주를 각인한다

2000년, 장공익은 기념품 제작 중단을 선언했다. 아버지 뒤를 이어 석장이 된 둘째아들 운봉[39]이 기념품 제작을 맡고, 그는 오

"돌은 말이 없지만, 장공익은 돌 앞에 서야 즐거워진다."

로지 작품만 만든다. 작품에 스스로 걸어놓은 조건은 두 가지다. "절대 팔지 않는다. 그리고 오로지 제주의 문화만을 담는다."

돌하르방과 제주 전설 속의 여신인 설문대할망, 돼지를 풀어놓은 변소인 통시에서 똥 누는 아낙네, 남자가 노를 젓는 나룻배 테우에서 남자 바지를 벗기며 놀려대는 해녀들, 그리고 4·3 때 사라진 한산왓 열여섯 집까지 금능석물원에 가면 지난 80년 동안 제주에서 벌어진 일과 일상과 표정이 그대로 재현돼 있다. '재현'이 아니다. 무학無學 노인이 창조한 천의무봉天衣無縫의 세계가 거기에 있다.

그를 만나던 날, 구경 온 한 외국인이 그에게 물었다. "돌이 가르쳐준 것인가, 아니면 당신이 만든 것인가?" 그가 답했다. "돌은 말이 없으니……." 단순한 재현이 아니라, 그가 뱃속에서부터 타고난 예술이 거기에 있다. 유머에서부터 한까지 모두 다 있다.

"지금도 제일 즐거운 게 돌 앞에 가서 앉는 거야. 작업을 하든 말든, 돌 앞에 서면 제일 즐거워. 허튼 얘기가 아니고, 팔십 먹은 사람이 즐겁게 할 일이 뭐 있어. 이건 보람이 있어. 남 해달라는 거 하면 힘이 들 텐데 내 하고 싶은 거 하니까 젊을 때보다 더 힘이 나. 손이 이렇게 아프면 남들은 일 못 해(그를 만나기 한 달 전에 장공익은 망치를 잘못 쳐서 왼손 집게손가락이 부러졌다). 이상하게 돈하고는 무관하게 가다 보니까 여기까지 왔는데 현무암은 색도 안 좋고 손이 많이 가니까, 밥 먹기가 그렇고 그런 돌이야. 하지만 제주에서 나서 제주 돌로 이렇게 제주를 만드니까 좋아. 만들다 보니까 우리 제주에서 없어서는 아니 될 소중한 자료들이 되어버렸어. 누군가가 아껴줘야 하고 활용해야 한다는, 사명감? 오래 돌을 다루다 보니까 그런 생각도 들긴 들어."

1979년 석물원의 땅 임대료는 일 년에 6만 원이었다. 1미터짜리 돌하르방은 60만 원이었다. 2010년 임대료는 1천만 원이고 돌하르방은 80만 원이다. 그렇게 제주는 힘들다. 제주의 삶도 힘들다. 석공 장공익은 그렇게 돌섬에서 태어나 돌을 만지다 여든이 되었다.

석공이 말했다. "내일 아침에 해가 얼른 떴으면 좋겠다. 빨리 망치질하게." 사명감인가, 아니면 여든을 바라보는 석장의 노익장인가. 장공익은 큰 바람이 불면 쓰러질 듯 쓰러질 듯하면서 여기까지 왔다고 했다. 이제 큰 바람에 맞서도 쓰러질 수 없을 경지에 올랐으니, 천년만년 말없이 우뚝 서 있는 돌들처럼 만수무강하시라.

하늘로 간 시인 김민식1982~2009에게 헌정함

고故 김민식을 그리며

떠난다는 말 한마디 남기지 않고
훨훨
아름다운 오색 옷 벗어버리고
앙상한 가지 위로
차갑게 불어오는 바람결에 눈물짓는
마지막 잎새

― 〈말없이 떠난 가을〉, 김민식

1982년 4월 24일 태어난 그는 살아 있었다면 2010년 지금 28세가 됐을 것이다. 칠갑산 자락, 충남 청양군 장평면 도림마을에서 태어난 그는 '근이영양증'이라는 희귀병을 앓았다. 온몸 근육이 조금씩 사라져버리는 병이다.

팔다리, 얼굴, 어깨부터 내장 근육으로 증세가 파고들어 소화와 순환 기능이 약화되다 심장 근육까지 사라져버리면 끝내 죽음을 맞는 병이다. '근筋 디스트로피dystrophy'라고도 한다.

초등학교 4학년에 이 병에 걸린 후 그는 일체의 바깥출입을 하지 못했다. 학교도 그때 중퇴했다. 4년 뒤에는 휠체어도 끌 수 없어 24시간 내내 방에 누워서 지냈다. 짧은 생 가운데 14년을 그리 지냈다.

발은 오그라들고 손은 펴지지 않고 몸무게는 두려울 정도로 줄어갔다. 병원에선 "스무 살 못 넘긴다"고 했다. 그런데 시인은 사망선고 기한을 8년 넘기며 불꽃처럼 살다 갔다. 병원에서는 기적이라 했다.

생전에 시인이 말했다. "자꾸 몸이 이상해지니까 내가 곧 죽는다는 사실을 알게 됐다. 느낌은 뭐랄까, 표현할 방법이 없다. 너무 화가 나서 벽에 낙서만 하고 강아지 못살게 굴면서 화를 풀었다."

어느 순간, 그는 언젠가 죽음이 닥쳐올 때까지 삶을 사랑하기로 했다. 초등학교 중퇴라는 열악한 환경을 이기고 닥치는 대로 책을 읽었다. 희미해지는 악력을 쥐어짜내 연필을 쥐고 글을 썼다. 방에 누워 지낸 지 2년 만이다.

매일 천장을 보며 상상한 일과 정상일 때 경험한 일들을 써내려갔다. 모자라는 어휘력과 판단력을 채우려 같은 책을 백 번씩 읽었다고 했다. 그해, 한 잡지사에 투고한 수필이 책에 실렸다. 서글픈 삶을 담담하게 기록한 글이다. 기적은 그때부터 시작됐다. 누구는 컴퓨터를 들고 찾아왔고 누구는 피자를 들고 찾아왔다.

장평 우체국 측에서는 "그때 우체국 개설 이래 가장 많은 편지를 배달했다"고 했다. 전화국에서는 예정에도 없이 마을을 찾아와 인터넷 라인을 설치해 줬다. 문득 정신 차려보니 이 한가한 시골 마을에 주말이면 숱한 청년들이 찾아와 어린 시인을 휠체어에, 들것에 태워 개울로 가서 함께 물장구를 치는 것이었다.

손아귀 힘이 없는 시인을 위해 누군가 장애인용 컴퓨터와 마우스를 가져왔다. 서수택 씨다. 그는 잡지에 실린 마을 사진을 들고 무작정 도림마을로 내려와 시인과 인연을 맺었다.

물놀이를 함께했던 사진가 장준 씨는 그때 대학생이었다. "열댓 명씩 찾아와 며칠씩 한뎃잠을 자며 민식이랑 놀았다"고 했다. 천사 같은 친구들 덕에 시인은 스물다섯 살을 넘기며 시 쓰고 컴퓨터로 음악을 작곡하며 살았다.

2009년 추석 무렵 시인은 이렇게 말했다.

"남보다 자유롭지 못한 건 있지만 이제 그걸 글로 표현하고 인터넷으로 활동하고 있으니까 딱히 남보다 안됐다는 생각은 들지 않는다. 오히려 그냥 포기하고 마는 다른 사람들이 더 불쌍한 것 같다. 걸을 수 있다는 게 복인 줄 모르는 사람도 많더라. 걷는다는 느낌을 다시 느껴보면 좋겠다고 생각한다. 나는 그걸 아예 잊어버린 것 같다. 요즘은 걷는다는 느낌이 뭔가 자주 생각하고 있다. 나? 스무 살에 죽는다고 했는데 아직 멀쩡하니, 의사 말은 반의반만 믿기로 했다."

2009년 12월 30일 저녁, 김민식이 잠자리에 들었다. 별다른 이상

징후는 없었다. 다음날 아침, 시인에게 밥풀을 씹어서 넣어주고 몸을 씻겨주던 84세의 할머니 복진옥 씨가 손자를 불렀지만 시인은 깨어나지 못했다. 할머니는 생전에 시인이 "내 생애에 가장 고마운 분"이라고 한 사람이다. 할머니는 "죽고 나서야 우리 민식이가 외출을 했다"고 소리 내어 울었다. 새털처럼 가벼운 몸을 친구들에게 맡기고서 그는 이제 외출을 했다.

소문이 퍼져 상가에는 가족들이 놀랄 정도로 많은 벗들이 몰려와 함께 울었다. 시인은 한 줌 재로 변해 일찌감치 하늘로 떠난 어머니가 있는 마을 앞산에 흩뿌려졌다. 큰아버지인 김명수 씨가 말했다. "평생 묶여 산 아이, 하늘에서는 훨훨 날아다니라고 일부러 묻지 않았다."

시인은 《삶은 사는 것만큼 아름답다》《사는 날까지 행복하고 아름답게》라는 시집을 남겼다. 그리고 작곡한 음악 50여 곡과 미발표 유작 시 100여 편이 있다.

《한국의 고집쟁이들》에 그를 소개한 뒤 2009년 추석 무렵 그를 찾아갔을 때, 김민식은 나에게 'BBQ 치킨'이 먹고 싶다고 했다. 그 통닭집을 찾을 수 없어서 옆 마을에서 그냥 통닭 두 마리를 튀겨 갔다. 2년 만에 재회한 시인은 참으로 새털처럼 가벼워져 있었다. 너무도 가벼워, 훨훨 날아갈 것 같았다. 그때 무슨 수를 써서라도 이 어린 시인이 원하던 주전부리를 사갔어야 했는데, 이렇게 날아가버리다니 이 무슨 못된 사람인가.

행복한
고집쟁이들

초판 1쇄 발행 2010년 5월 18일
초판 5쇄 발행 2021년 4월 16일

글·사진 | 박종인
펴낸이 | 한순 이희섭
펴낸곳 | (주)도서출판 나무생각
편집 | 양미애 백모란
디자인 | 박민선
마케팅 | 이재석
출판등록 | 1999년 8월 19일 제1999-000112호
주소 | 서울특별시 마포구 월드컵로 70-4(서교동) 1F
전화 | (02) 334-3339, 3308, 3361
팩스 | (02) 334-3318
이메일 | tree3339@hanmail.net
홈페이지 | www.namubook.co.kr

ⓒ 박종인, 2010

ISBN 978-89-5937-191-4   03810

값은 뒤표지에 있습니다.
잘못된 책은 바꿔 드립니다.